N

Flussbad

Mögeldorfer Nikolauskirche (ev.)

Laufamholzstraße

Kiosk

Polizeiwache

Schmausenbuckstraße

Eichenstr.

Tiefäckerstr.

Farnstr.

ese

Lager

bentrichter

Eltern- und
Großeltern-Haus

Bahnhof Mögeldorf

cken
nfte

Siedlerstraße

SCHMAUSENBUCK

ars vivendi

KLAUS SCHAMBERGER

WIE ICH EINMAL NICHT DER MORLOCK GEWORDEN BIN

MEMOIR EINER KINDHEIT

ARS VIVENDI

Originalausgabe

1. Auflage 2022
© 2022 by ars vivendi verlag
GmbH & Co. KG, Cadolzburg
Alle Rechte vorbehalten
www.arsvivendi.com

Lektorat: Elmar Tannert
Umschlaggestaltung: ars vivendi, unter Verwendung
eines Fotos des Autors, © Familie Schamberger
Typografie und Ausstattung: ars vivendi
Kartengestaltung: Christine Richert und Carlotta Kiefhaber
Druck: Pustet, Regensburg
Gedruckt auf holzfreiem Werkdruckpapier der Firma Salzer

Printed in Germany

ISBN 978-3-7472-0353-8

Wie ich einmal nicht der Mortlock geworden bin

1 LAUTER FRAGEZEICHEN

Schon wahr, es gibt fest vereinbarte Welträtsel, sieben Stück im Ganzen. Einerseits. Andererseits hat aber jeder seine eigenen Welträtsel, manchmal so viele, dass sie alle miteinander gar nicht ins Hirn hineinpassen. Da ist an eine Beantwortung der Rätselfragen schon überhaupt nicht zu denken. Geschweige denn an eine zufriedenstellende. Bei mir also die Angelegenheit mit dem Max Morlock, die heutzutage keine alte Sau mehr interessiert. Jedenfalls hält sich die Anteilnahme in sehr eng gezogenen Grenzen. Oder juckt es jemanden, wenn einer noch so beidfüßig schießen oder kometenhaft bei kleinster Körperhöhe sich im Strafraum in die Zerzabelshofer Lüfte hinaufschrauben und in die damals sogenannte Gambel köpfen kann, falls er es überhaupt kann, juckt es ihn, den Jemand, etwa dann, wenn er an einem Fußballergreisenstammtisch zufällig so inhaltsschwere Zahlen und Worte hört: 1954, Halbrechts, der Max, rechte große Zehe, 2:1, die Wende, ohne den Max hätten wir es vergeigt, Rahn hin, Rahn her? Es juckt ihn nicht. Weit vor der Sache 1954 gegen Ungarn in Bern und dem sogenannten Anschlusstreffer zum 2:1 durch die rechte große Zehe war jener Max, Nachname Morlock, im Mai 1925 in Gleißhammer auf die wie erwähnt enorm rätselhafte Welt gekommen, mein Gott. Da hat der Depp von Häberlein, unser kirchenamtlicher Seelenwart und Jungscharführer mit seinem frommen Geklampf von der drohenden Hölle und dem Kleinen Katechismus und den Zehn Geboten und Todsünde und Luther Zeuch und Woar drohen können, wie er gewollt hat – mein Gott war nicht der Opa mit dem weißen Vollbart

7

hinter einigen Wolken auf dem Häberlein seinen gütigst verschenkten Fleißbildlein, mein Halb- und manchmal Ganzgott war der Max Morlock und mein Himmel der Sportpark Zabo. Und sollte ich das damals nicht gewusst, weil aus Trotz nicht gelernt haben, so hat es doch gegolten, von nun an bis in meine, allerdings vermutlich nicht ewige Ewigkeit: Du sollst keine anderen Halbgötter haben neben dir. Nicht den Baumann, nicht den Ucko, auch nicht den Schaffer, Knoll, Mirsberger, Herbolsheimer und so weiter, und den furchterregenden Häberlein schon gleich gar nicht. Dann noch eher den anderen Max, den Appis, von der Spielvereinigung Fürth. Obwohl die Fürther – haben uns selten blöde Weismacher kraft ihrer erwachsenen Meinungshoheit bei jeder Gelegenheit vorgelogen – obwohl also die Fürther unsere Feinde gewesen sind.

Später hab ich auf dem Gebiet anlässlich unvorsichtiger, aber notwendiger Grenzüberschreitungen in Gestalt einiger Überfälle an den Gestaden unseres Mississippi, welcher hierorts allerdings Pegnitz heißt und Bengerz gesprochen wird und bei uns wegen zahlreicher Hineinbrunsungen Wississippi geheißen hat, meine eigenen Erfahrungen gemacht. Unser Feind hat keinesfalls in Fürth sein Wesen getrieben, sondern in Jobst. Diese Jobster Feindschaft hat für uns Mögeldorfer zwei oder drei Mal in schmerzhaften Abfotzungen gemündet. Abfotzungen, wer es nicht weiß, sind haselnusssteckenbewehrte Prügel, während es sich bei Jobst und Mögeldorf um östlich gelegene Vorstädte der sogenannten Metropolregionmetropole Nürnberg handelt.

Nürnberg, früher »des deutschen Reiches Schatzkästlein«, noch früher unter tat- und maulkräftiger Mithilfe des berühmten Alleswarenkrämers, Eisenbahn-Großaktionärs und Antisemiten Johannes Scharrer (nach dem wir in traditioneller Vergesslich-

keitsbewältigung zwei Schulen und eine Straße benannt haben), ein judenfeindliches Terrain sondersgleichen, infolgedessen später, fast in direkter Linie eines der Lieblingsstädtlein der Herren Hitler, Streicher, Göring, Speer, Himmler und Konsorten, noch später zu ungefähr drei Vierteln der Altstadt eingeäschert, eingeebnet, quasi Volltreffer in Häuser, Kirchen, schöne Patrizierprunkstätten und ins schlechte Gewissen. Oder aber in überhaupt kein Gewissen. Feindschaften, sei es in Jobst oder in Fürth oder im Kopf, bilden auch ein Welträtsel, vermutlich das rätselhafteste.

Sei es, wie es sei und besser so nicht gewesen wär – jedenfalls hab ich mutmaßlich in den frühen Morgenstunden des 14. März 1942 das Zwielicht der Welt erblickt. Wenn es wen interessiert: in der Frauenklinik der Nürnberger Nordstadt. Nämlich haben wir in Nürnberg eine eher wohlbeleumundete Nordstadt und eine eher unwohlbeleumundete Südstadt. Warum der Leumund in der Nordstadt vor lauter Noblesse fast nicht sprechen kann und jener der Südstadt ganz im Gegenteil, das weiß ich auch nicht. Eine West- wie auch Ostadt existiert schon auch, aber nicht in unserem Wortschatz. In neuerer Zeit haben teilweise sehr merkunwürdige Wortschöpfer ein Quartier namens Westvorstadt erfunden, und zwar deswegen, weil sie die fünf Buchstaben F, ü, r, t und h niemals im Leben über ihre vor Arroganz, genauer gesagt vor Dummheit gaafernden Lippen bringen wollen. Das Wort »gaafern« lautet auf Hochdeutsch »geifern«, im Kleinstkindalter und dann später im höchsten Greisenalter wird es »sabbern« genannt, also Inkontinenz im Mundbereich. Hirn inbegriffen. Beide Altersstufen hab ich fast schon hinter mich gebracht, letztere noch nicht gänzlich, und wiederum türmen sich vor mir zwei Rätsel auf.

Erstes Rätsel: Ein Menschenleben kann ja eine gravierende Sache sein, und da möchte ich schon einmal gern wissen, warum man vor der Produktion so eines Menschenlebens nicht gefragt wird, ob man es sich überhaupt antun will. Zum Beispiel jetzt in meinem Fall. Klar, Liebesrausch, Zuneigung, Fronturlaub, Wiedersehensfreude, sturmfreie Lichtung im Bayerischen Wald eventuell und so weiter, alles recht und schön und voll verführerisch. Aber was hab ich, der ich vor dem Liebesrausch was weiß ich wo gewesen beziehungsweise nicht gewesen bin, was hab ich damit zu tun?

Zweites Rätsel: Was bewegt zwei vernünftige Menschen, mitten in Krieg, Terror, millionenfachem Morden, Weltumstülpen sowie Pfeifen auf den allerletzten Hauch von Moral einen Halbdeppen wie mich zu zeugen? Gut, im Lauf der Zeit kommst schon dahinter, dass in deinen Körper oder wo auch immer schwer steuerbare Notwendigkeiten hineinmontiert sind. Ob es die Liebe ist? Ja, die auch, ganz sicher oder mindestens höchstwahrscheinlich. Wissen tu ich es nicht. Überhaupt ist es mit dem Wissen eine trügerische Sache. Wissenschaftler wissen zum Beispiel sehr viel. Wie man eine Atombombe baut, wie man leibhaftige Menschen einteilt, biologisch, in Geziefer und Ungeziefer, wie man sich Sprüche im Kopf wachsen lässt, die da lauten »Süß und ehrenvoll ist es, für das Vaterland zu sterben«, wie man die Süße und die Ehre des Lebens in die Gaskammern verbringt, wie man auf einmal einen Not-Planeten B aus dem Hut zaubert, weil der Planet A vor lauter sehr sinnvollen Erfindungen und ebenso viel Wissen von uns, seinen Untermietern, nix mehr wissen will. Eigenbedarf wahrscheinlich. Und in der selber gemachten Not wird dann das eine Wissen von einem ganz anderen Wissen ersetzt. Nämlich dass sich ersteres Wissen als was viel Schlimmeres als Nichtwissen er-

wiesen hat, nämlich als Blödheit und Selbsterhöhung. Und ein endgültiges Wissen höchstwahrscheinlich überhaupt nicht und niemals existiert, da kannst du forschen, wie du willst.

An dem Wissen hängt sodann die Frage Nummer drei dran: Was ist los mit der stets wachsenden Gscheitheit, dem steten Fortschritt und überhaupt mit dem Wachsen, welches wir scheint's der Ewigkeit nicht nur anbefohlen, sondern auch feierlichst geweiht haben? Die einzigen vernünftigen Antworten bietet der von mir morlockmäßig verehrte Dichter Jaroslav Hašek. Zum Fortschritt hat er eines Nachts auf tschechisch hingeschrieben: »Der Fortschritt ist eine zweischneidige Waffe wie das Bier. Die Leute machen sich da dran und wissen nicht, wie sie aufhören sollen. Und darum Vorsicht mit dem Fortschritt.« Und zur Gscheitheit: »Wenn jeder gescheit wär, so müsst auf der Welt bald so viel Verstand sein, dass jeder Zweite davon ganz blöd wird.« Und ich hab dann noch hinzugefügt, nicht so vortrefflich durchdacht wie der Erfinder vom Schwejk, aber auch nicht schlecht: »Es muss auch Dumme geben, sonst wüssten die Gscheiten ja nicht, dass sie gscheit sind.«

Na ja, wurschd, jedenfalls war ich dann seit jenem 14. März 1942 ungefragt, aber sicherlich geliebt auf einmal da, auf dem Planeten A, und habe schon wieder ein Fragezeichen gebildet. Aus bruchstückhaften schriftlichen Aufzeichnungen meiner Mutter weiß ich den Fragesatz: »Der Klaus ist so ein goldiges Kind. Aber ich muss ihn doch erziehen?« – »Erziehen!« – merkst was? Da stecken auch die Wörter mit »Zug« dahinter, Luftzug, Durchzug, Zucht und Ordnung und Pünktlichkeit und: »Du bleibst so lang am Tisch sitzen, bis der Teller leer ist.«

2 Apfelsinen kommen aus Afrika

Das Wort »Seier« hat bei uns in Mittelfranken zwei Bedeutungen. Erstens ist ein Seier ein Sieb, zweitens bildet sich in uns, in den Beinen, im Magen, im Gedächtnis und in der Zunge, nach zirka vier bis fünf Bier ebenfalls ein Seier. Die Bedeutungsgleichheit will uns sagen: Erinnerungen sind sehr seierhaft, filmrissig, also eine noch niemals genau gezählte Menge von Löchern mit ganz kleinen Rändern drumrum. Was die Löcher betrifft, muss man die Wissenschaft befragen oder die Eltern. So habe ich später erfahren, dass ich eigentlich noch heute mit einem gravierendem Trauma geschlagen sein müsste. Alle im Krieg geborenen Kinder haben ein Trauma, auch wenn sie kein Trauma haben. Sie haben eines und meinen nur, sie hätten keines. Sagt die Wissenschaft der Seelenforschung und weiß nicht, was eine Seele ist, weil es niemand weiß.

Meine Mutter wiederum hat gesagt, wir zwei seien damals – nach einem kurzen Notaufenthalt in Oberasbach – zusammen mit meiner Lieblingstante Sofie und ihrem mit mir fast gleichaltrigen Sohn Gert, meinem Lieblingskuseng (man kann es auch Cousin schreiben) vor dem Krieg in der Welt und in Nürnberg sechzig Kilometer weit weg nach Leutershausen in eine Einhalbzimmer-Behausung geflüchtet. Mithin in eine sehr schöne Gegend, in deren Dörfern und Städtlein, berichten schriftliche Hinterlassenschaften, im Jahr 1933 der letzten durchgeführten Reichstagswahlen die NSDAP auf bis zu achtzig Prozent Wäh-

lerstimmen gekommen ist. Jetzt war es so, dass meine Mutter und meine Tante Sofie, politisch gesehen, aus zwei grundverschiedenen Welten gekommen sind. Frau Sofie Kohl, geborene Schamberger und Schwester meines Vaters aus dem weitgehend roten Ziegelstein, der Nordstadt eher unvornehmes, aber mir später fest ans Herz gewachsenes Stadtviertel. Meine Mutter Käte Schamberger, geborene Seltmann, aus der Südstadt, in der auch hochwohlgeborene Leute oder solche, die sich dafür hielten, gelebt haben. Markomannenstraße, also die behäbigere, in Maßen vornehmere Gegend im Stadtviertel Gleißhammer. Somit ist die Tante Sofie aus einer sozialdemokratischen, meine Mutter aus einer nationalsozialistischen Familie gekommen.

Wie da in diesem Leutershausen und der Eineinhalbzimmerwohnung mit zwei Müttern plus zwei Hosenscheißern plus einer Dauerangst um die beiden vaterlandsverteidigenden Ehemänner mitten im Krieg sich ein Frieden auf den vielleicht fünfzig Quadratmetern ausbreiten hat können – wer weiß das schon. Auch später ist es mit dem familiären Bescheidwissen bei uns nicht weit her gewesen. Dass der eine Großvater, der Gregor Schamberger, dank seiner Tätigkeit als SPD-Stadtrat in Nürnberg über ein Jahr, zusammen mit dem Schriftsteller Karl Bröger, im Konzentrationslager Dachau gequält worden ist – kein Wort drüber. Eine Erinnerung ist manchmal eine zähe, langatmige, aber immerhin atmige Angelegenheit. Im Fall vom Schambergers-Opa und seinem Freund und Dichter Karl Bröger war sie ungefähr sechs Jahrzehnte unterwegs, in Kilometer umgerechnet einmal zum Mond und zurück. Da sind wir uns im wunderschönen Egloffstein auf der Terrasse des Gasthofs *Zur Post* keinesfalls zufällig bei jeweils einem Kännchen Kaffee gegenübergesessen: Achim Bröger, der Schriftsteller und Enkel vom Karl Bröger, und ich. Und da sind dem Achim Bröger zur Vergangenheit unserer

Großväter einige sehr gute Sätze eingefallen. Ich hab sie mir in mein Notizbüchla wie folgt hineinstenografiert: »Die Frage, die ich mir da immer wieder stelle – und wohl die wichtigste Frage in dem Zusammenhang mit dem Karl und dem Gregor an uns –, die ist ›Wie hättest du dich damals verhalten?‹ Wenn du vom Schreiben lebst, wenn du deine große Familie damit ernähren musst, wenn du eben nicht den Nobelpreis hast und nicht der in aller Welt berühmte Thomas Mann bist – sondern der Karl Bröger aus der Siedlung in Ziegelstein. Und da sage ich: Der Weg, den der Karl gegangen ist, der war gangbar. Er hat seine Leute nicht verraten.« Und ich sag: Aus der Geschichte unserer Großväter haben wir gelernt. Hoffentlich. Jetzt der andere Großvater, der aus dem Erzgebirge stammende Guido Seltmann, er war bei der NSDAP. Darüber ist in der Familie kein Wort verloren worden. Womöglich damals in Leutershausen, aber da hab ich für solche komplizierten Flüstereien noch kein Gehör gehabt.

Aus den knapp zwei vermutlich doch sehr harmonischen Jahren in dem Städtchen an der Altmühl sind auf spätere Zeiten nur fünf Wörter überliefert, die die Tante Sofie noch bis ins hohe Alter immer wieder und immer wieder herzlich lachend erzählt hat. Da soll ich mich, so hat es die Tante Sofie in ihren akribisch geführten Taschenkalender hineingeschrieben, im Gitterbett hochgezogen und in einen Blechtrichter hineingekräht haben: »Ackung, Ackung! Gert Hose makt.« In Erwachsensprache: »Achtung, Achtung! Mein Kinderbettkollege und Kuseng Gert hat soeben in die Hose gepfeffert.« Vermutlich der allererste Hinweis auf meinen nach sehr vielen Irrtümern erwählten Beruf: Anrüchige Heimlichkeiten, Skandale aller Art erforschen und dann nach besten Kräften trichterverstärkt hinausposaunen. Also Sumpf- und Sensationsreporter, zuständig mitunter auch für jedwedes Scheißdrecklein. Auch ist mir später Folgendes durch

den Kopf gegangen: Jenes »Achtung, Achtung!« muss sich doch irgendwo, irgendwann in mein Gedächtnis eingegraben haben – vielleicht in Form der Stimme aus dem Volksempfänger: »Achtung, Achtung, Fliegeralarm!«

Fliegeralarme hat es in Nürnberg zuhauf gegeben, in Leutershausen keine. Was dann meine Mutter gegen Kriegsende bewogen hat, den Leutershausener Schlupfwinkel zu verlassen und mit mir ausgerechnet zur Tante Marie und zum Onkel Seppl ins rüstungsgeschäftige Sulzbach-Rosenberg, dem Standort der Maxhütte, zu flüchten – ich weiß es nicht. Aber jetzt, Obacht: erste eigenhirnige Erinnerungen!

Eine Erinnerung – an die erste von insgesamt drei Lebensrettungen: Meine Mutter nimmt mich mit auf eine große Wiese in einiger Entfernung vor dem Rüstungsstädtlein Sulzbach-Rosenberg zum Schafmäulerzupfen. Schafmäuler hat damals der Feldsalat, auch Rapunzel oder Schoofmaiala genannt, geheißen. Und mitten im schönsten Salatzupfen plötzlich, aus einem einigermaßen heiteren Himmel eine höllische Mixtur aus Pfeifen, Heulen, Donnern, die Mutter schmeißt sich auf mich, brüllt mir ein »Achtung, Achtung!« ins Ohr, vor uns spritzen Erde, Gras, vielleicht auch Schafmäuler in Hülle und Fülle auf, und schon verschwindet der Tiefflieger samt seiner belfernden Bordkanone hinter dem Wald.

Zweite Erinnerung: Mitten in der Nacht wach ich auf, mein Bettstättla (Hochdeutsch: Bettstättlein) schwankt, schaukelt, schwebt schließlich zwei Treppen hinunter in den Keller, ich halte meinen Teddybär fest umschlungen – so tragen mich die Mutter und der Onkel Seppl in den Luftschutzraum. Achtung, Achtung, Fliegeralarm.

Dritte Erinnerung: Ich sitz auf dem Schoß eines mir unbekannten, seltsam gekleideten Herrn, teils schauen wir zum Fens-

ter hinaus in Richtung der Schafmäuler- und Tieffliegerwiese, teils betrachten wir sehr verzückt ein wehrmachtgrün gestrichenes, hölzernes Spielzeugflugzeug, das mir anscheinend jener fremde, seltsam verkleidete Mann als Geschenk mitgebracht hat. Der fremde Mann, der Soldat, der Spielzeugfliegerbeschaffer, war mein Vater. Ende der ersten Erinnerungen.

Kann man sich Erinnerungen auch in der Nase aufbewahren? Ich schon. Weil: Ich spür ihn heute noch, den immer intensiver werdenden Geruch meiner allerallerallerersten Apfelsine, wie sie der Onkel Seppl mit seinem Taschenmesser bedächtig bearbeitet hat: Einige senkrechte Schnitte in die Schale, die so entstandenen hellgelben Schalenklappen abgezogen, die weißlichen Orangenhautreste fein säuberlich abgeschabt, und dann der erste Biss in die schönste Frucht, die man sich denken kann, wenn überhaupt. Ich muss damals sehr vergnügt gewesen sein. »Apfelsinen«, hat mir der Onkel Seppl erklärt, »Apfelsinen kommen aus Afrika. Das ist sehr weit weg, und die Menschen, die dort wohnen, sind die Neger. Schwarz wie die Nacht finster.«

Und seine Frau, die Tante Marie, die Schwester von meinem Parteigenossen-Opa, also auch eingefleischte Erzgebirglerin, hat eine einzige große Leidenschaft gehabt: Kochen. Ein Herd wie ein Dampfer, Heerscharen von Töpfen auf der riesigen Eisenplatte, rechts ein Wasserschaff, links zwei Ofentürchen, der Geruch von frischem Holzfeuer, aus der Maxhütte beschaffte Briketts nachgelegt, die Tante Marie mit ihren hackstockartigen Armen und gut gepolsterten Händen beim Klößeformen und Befehleerteilen, krustige Fleischstücke zuhauf, Apfelmus zum Schweinebraten, vorab Schwemmgniedlasuppe, danach Pudding mit eingeweckten Kirschen, dass mir heute noch das Wasser im Mund zusammenläuft. Stimmt schon einigermaßen: Wenn auch

nicht die Liebe, so doch große Zuneigung geht durch den Magen. Meistens bin ich bei den Sulzbach-Rosenberger Festessen neben dem Paul-Jürgen gesessen, dem Stiefsohn vom Onkel Seppl seinem Sohn Karl-Otto, ebenso alt und puddingversessen wie ich. Solche Namen hat es damals gegeben: Seppl, Karl-Otto, Paul-Jürgen und Tante Lilly. Der Paul-Jürgen und seine Eltern sind später wegen irgendeiner streng geheim gehaltenen Problematik im Finanzbereich nach Dänemark ausgewandert. Dort, genauer: in Kopenhagen hat er es bis zum Handelsmarinekapitän gebracht. Eines Nachts ist er auf seinem Frachtschiff irgendwo im Chinesischen Meer über Bord gegangen. Ob freiwillig, ob unfreiwillig im Sturm, ob infolge einer Meuterei – man weiß es nicht. Ich weiß nur oder glaub jedenfalls zu wissen: Kapitän bei der Handelsmarine hab ich auch werden wollen. Der dringliche Berufswunsch hat sein Verfalldatum erst erreicht, wie ich fast schon erwachsen gewesen bin. Viel später, aber gerade noch in der Kindheit, haben meine Berufswünsche Personennamen gehabt: Erich Kästner, Kurt Tucholsky, Joseph Roth, Oskar Maria Graf, Jaroslav Hašek, Johannes Urzidil oder Erich Maria Remarque zum Beispiel. Auch der Radebeuler Winnetou-Grambfbolln hat dazugehört, allerdings hat es der Karl May bei mir später gänzlich verschissen gehabt. Am verschissensten jedoch die ansonsten von allen Berufsgermanisten hochgelobten Brüder Grimm. Wahrscheinlich ist jenen Grimm-Enthusiasten niemals im Leben das passiert, was sich eines Nachts bei mir am Bettstättla ereignet hat.

Ich hab die Masern gehabt, also sowieso schon hochfiebrig bis knapp vor der Verfallgrenze, und meine Mutter hat mir eine Geschichte aus einem in jeder Beziehung sehr schweren Buch vorgelesen – aus dem zirka drei Kilo schweren Prachtband mit Goldschnitt *Kinder und Hausmärchen; gesammelt*, heißt es weiter auf

der Titelseite, von den Brüdern Grimm. Eine Widmung steht auch in dem Buch: »Das alte Märchenbuch von seiner Mami und seiner Tante Alma dem lieben, kleinen Klaus zur Kriegsweihnacht 1944!« Das Ausrufezeichen gehört, warum auch immer, zur Widmung. Meine Mutter hat sich zu mir ans Gitterbett gesetzt, das Fieber mit kalten Umschlägen bekämpft, mir das Gesicht gestreichelt, aber dann den nicht so ganz sanften Einfall gehabt: »Ich les dir jetzt ein schönes Märchen vor aus deinem Buch.« Ein sehr schönes Märchen. Es hat die Überschrift »Die Gänsemagd«, und man kann an seiner Bebilderung bereits erkennen, wie schön es ist. Da hängt aus einer gemauerten Wand ein offensichtlich von kundiger Schlachterhand abgeschlagener Pferdekopf raus. Im einfühlsamen Text erklären es dann die Brüder Grimm genauer. Da steht: »In der Stadt war ein großes finsteres Tor, wo sie abends und morgens mit den Gänsen durch mußte, und unter das finstere Tor, sagte sie, möchte er dem Falada seinen Kopf hinnageln, daß sie ihn doch noch mehr als einmal sehen konnte. Also versprach das der Schindersknecht zu tun, hieb den Kopf ab und nagelte ihn unter das finstere Tor fest ...« Noch während des Vorlesens bin ich eingeschlafen – und mitten in der Nacht vor panischer Angst schweißüberströmt aufgewacht, hab nach meiner Mutter gebrüllt, nicht wie am Spieß, sondern wie von den Brüdern Grimm gefoltert. Ich seh es noch vor mir, als wär es gestern Nacht passiert: Aus der Wand neben meinem Bettstättla hat ein vom Schindersknecht abgehackter, blutüberströmter Pferdekopf rausgeschaut. An einen schlimmeren Fiebertraum in meinem Leben kann ich mich nicht erinnern. Jetzt, beim Blättern in dem Kriegsjahr-Geschenkbuch für den lieben, kleinen Klaus, hab ich noch ein sehr gut zu 1944 passendes Märchen entdeckt – auf Seite 242. »Der Jude im Dorn« heißt es und erzählt den Kindern, welche Eigenschaften Juden haben; sie sind krumm, bucklig,

langnasig, überaus geizig, geldgierig, hinterlistig, verschlagen und nehmen rechtschaffenen deutschen Handwerksburschen ihre redlich erworbenen Gulden weg. Am Ende wird der Jude seiner wohlverdienten Bestrafung zugeführt – nach einwandfreiem Richterspruch am Galgen erhängt. Das Märchen »Der Jude im Dorn« hat mir meine Mutter damals nicht vorgelesen, was später dazu geführt haben mag, dass mir die Brüder Grimm am dann bereits erwachsenen Arsch vorbeigegangen sind. Da mögen sie sich um die Sprachforschung verdient gemacht haben, wie sie wollen. Siehe auch Dr. Martin Luther, den großen Reformator und Judenhasser, auf den sich später während der Nürnberger Kriegsverbrecherprozesse auch ein gewisser Julius Streicher berufen hat.

3 / WER HAT EIGENTLICH NÜRNBERG BOMBARDIERT?

Geheimnisse haben in unserer Familie ein schönes Dasein genossen, die wenigsten sind gelüftet worden. Dass der Onkel Seppl, der mir die erste Apfelsine meines Lebens geschält hat, zum Einschlafen lustige Begebenheiten erzählt und meine Unfolgsamkeiten aller Art stets mit einem fröhlichen Lachen verziehen hat, dass also der Onkel Seppl mit seinem wunderbaren niederbayerischen Dialekt bis zum 8. Mai des Jahres 1945 ein forscher Sulzbach-Rosenberger Nazi-Anhänger gewesen ist – wann hab ich das erfahren? Ungefähr sechzig Jahre später, beiläufig.

Die Stringenz kann eine schöne Sache sein. In meinem Leben hat sie nicht stattgefunden. Bereits in meinen Kinderjahren nicht. Mehr Durcheinander als bei mir findest du selten, allein schon geografisch: Nürnberg, Leutershausen, Sulzbach-Rosenberg, Ziegelstein, Mögeldorf, Sankt Johannis, Zerzabelshof (auch Zabo genannt), Jobst, Gleißhammer und dazu noch die Vorfahren aus Unterschleichach, Fetzelhofen, Lauter im Erzgebirge, Plattling, Burgthann, Egloffstein. Inzwischen, nach der Befreiung von den Reichsverwesern und -schwerverbrechern, im Mai 1945 also Mögeldorf im Osten meiner Heimatstadt. Dort, zwischen der Bahnlinie in Richtung Sulzbach-Rosenberg und dem Tiergarten am Schmausenbuck hatte sich der Seltmanns-Opa, frühes NSDAP-Parteimitglied, Prokurist bei Leistritz, seinen Traum erfüllt: in der Farnstraße 38 ein Dreifamilienhaus mit Wiese, Kirschbaum, Vogelbeerbaum in Gedenken an sein

urheimatliches Erzgebirge, Reneklodenbaum, Hühnerstall und zusätzlich noch einen gepachteten Streifen Gemüsegarten.

Bevor wir dort in diesem Mögeldorf gelandet sind, hat erst noch Nürnberg dran glauben müssen. Beziehungsweise müsste man sagen, es hat den Glauben an sich verloren, vorübergehend. Sie haben uns am 2. Januar 1945 die Nürnberger Altstadt, die der beste Massenmörder aller Zeiten infolge der mittelalterlichen Schatzkästchenhaftigkeit der Reichskleinodienbewahranstalt so innig geliebt hat, fast komplett dem Erdboden gleichgemacht. Sie haben uns ... auch so ein Welträtsel: Wer waren diese sie, die, nur zum Beispiel, die schöne Kaiserburg, die schönen Frauen-, Sebaldus-, Lorenzkirchen, die schönen Patrizierpalästlein innerhalb gerade einmal einer halben Stunde mittels zahlreicher Bomben in ein schauriges Gerippe, in eine Sandsteinwüstenei, in den größten Kriegsfriedhof weit und breit verwandelt haben? Musst aber höllisch aufpassen beim Nachhaken, betreffs dieser wesentlichen Frage überhaupt. Weil sehr viel später hab ich ein Foto aus dem tausendjährigen Reich zwölfjähriger Dauer gesehen: Wie Nürnberger Männer, Frauen, Halbwüchsige zu womöglich Zehntausenden den Ring zwischen Plärrer und dem Opernhaus gesäumt haben, menschentraubenmäßig auf Straßenlaternenmasten geklettert sind, die Münder vor lauter »Heil Hitler« weit aufgerissen, die Hände zum Himmel – zu jenem Himmel, aus dem sieben Jahre später die englischen Grüße zuhauf auf die Stadt herabgefallen sind. Wer also hat letztlich die Bomben abgeworfen? Die Jubel-Nürnberger und Hitlerschreier oder die Engländer? Wer es weiß, kriegt den Friedensnobelpreis für immer oder eine auf den Deckel, ebenfalls für immer. Je nachdem.

Und ungefähr sieben Jahre nach der Wegbombardierung der Altstadt und teilweise auch ihrer Bewohner bin ich im zarten Alter von zehn Jahren als Erstklässler des Realgymnasiums, heute

Willstätter-Gymnasium, ins zwanzig Minuten von unserer Schule entfernte Amerika-Haus am Westring geführt worden. Filmvortrag statt Latein beim Referendar Alois Bittner, also zunächst große Freude, und dann der Film, den uns die Ami – heut sag ich Gott sei Dank – zugemutet haben. Die Filmbilder, wie SS-Männer ein kleines Mädchen, in Lumpen gehüllt, ihrer schreienden Mutter aus den Armen gerissen haben, wie lebenden Skeletten hinter Stacheldraht angesichts ihrer Befreiung nicht einmal mehr ein ganz kleines Lächeln, ein Ausdruck neualter Hoffnung gelungen ist, wie Hunderte oder Tausende Leichen mit einem Bagger zum höchsten Berg meiner Erinnerung aufgetürmt worden sind – die Filmbilder im Amerika-Haus fangen heute noch an, sich in meinem Kopf abzuspulen, zum Beispiel wenn ich Sätze höre wie »Es war ja nicht alles schlecht damals ...«. Nicht zu vergessen: »... und die Autobahnen hat er ja auch baut, der Hitler. Und die Arbeitslosigkeit abgeschafft. Und nachts allein auf der Straße, kein Problem. Und Sicherheit und Recht und Ordnung, und, und, und ...«

Was aber hat sich ein Dreijähriger im Januar 1945 gedacht? Wirst wissen, oder? Nullkommanix. Hast ja noch kein komplettes Hirn, und ob du später eines kriegst, eines von Belang, ist ja auch noch die Frage. Von einem vierzehn Jahre älteren Freund, dem Malerdichter Toni Burghart, weiß ich, was sich damals am 2. Januar 1945 zum Beispiel ein Siebzehnjähriger gedacht hat. Der Toni ist in der Kühnertsgasse, nahe der Lorenzkirche aufgewachsen. »So was Schönes«, hat er mir anlässlich eines Kaffeekränzchens an einem schönen Maitag ungefähr eintausendundfünfzig Jahre später im Garten vom *Zeitungs-Café* gleich neben der Bronzestatue vom Hermann Kesten anvertraut, »so was schaurig Schönes, hab ich mir gedacht, wie das Flammenmeer über der Lorenzkirche in all seiner Farbenpracht wirst du wahrscheinlich

nie mehr sehen.« Das wollen wir hoffen, der Toni selig, bester Maler, bester Ironiker der Stadt, und ich.

Dass die ganze Nürnberger Altstadt ein Flammenmeer gewesen ist, dass es vier Monate später vor selbst ernannten Geisterwiderstandskämpfern gegen die epidemische Geisteskrankheit Hitlerismus nur so gewimmelt hat, dass Persilscheine ein sehr begehrtes Formular gewesen sind, tausend Mal besser als jedes sowieso wertlos gewordene Geld – wie arg hat das einen dreijährigen Knirps gekratzt? Die Ruinen, die zwei Bombentrichter keine fünfzig Meter vom Großvater seinem Haus und seinem Gemüsegarten entfernt? Oder die Geschichte der Heimkehr von einem Arno Hamburger im Ami-Jeep, die ihm Jahrzehnte später erzählt worden ist auf die Frage, was sich denn dieser Arno Hamburger, gebürtiger Nürnberger, im Realgymnasium als Judensau beschimpft, bespuckt, verprügelt und im Alter von fünfzehn Jahren von den Eltern nach Palästina zum Überleben geschickt – was also jenem Arno Hamburger damals bei Annäherung an seine zerbombte Heimatstadt durch den Kopf gegangen ist? »Jetzt«, hat er mir Jahrzehnte später erzählt, »jetzt schaut die Nürnberger Altstadt fast genauso aus wie unsere Synagoge drunten an der Pegnitz, wie sie 1938 auf Befehl vom Streicher in einen Steinhaufen verwandelt worden ist. Das hab ich mir gedacht, wie wir auf der notdürftig vom Schutt geräumten Straße vom Plärrer in Richtung Nordstadt gefahren sind und vor uns die Altstadt, die Burg in Schutt und Asche. Wie damals unsere Synagoge.«

Und ich, im Juni oder Juli 1945? Quasi Paradies mit Vollpension. Der Seltmanns-Opa, der was weiß ich wo war, und sein Garten: die ersten von der Hand in den Mund gepflückten Tomaten, die Weite der Prärie zwischen Mögeldorf, Zabo und Gleißhammer,

das Wäldchen, der Schmausenbuck, die eineinhalb Zimmer Notbehausung nur einen Fußballschuss weit entfernt vom beschlagnahmten Großelternhaus, der Einzug der Amerikaner in die drei Stockwerke der Farnstraße 38 in Verbindung mit Unmengen von Kaugummi, Drops, Hershey's Sirup, Butterfinger und Erdnussbutter, die mitnichten Erdnussbutter geheißen hat. Sondern, da haut's dich um, Negernussbutter. Insgesamt also ein Schlaraffenland sondersgleichen. Horch, im Vertrauen – wo sollst du dir da ein Trauma aufhalsen? Oder aufseelen?

Dass in die ganze Glückseligkeit hinein meine Schwester auf die Welt gekommen ist, hat sich in mir auf geheimnisvolle Weise verdrängt. Ist das ein Wunder, wenn sich bei den Erwachsenen um mich rum tausend Jahre auf noch viel geheimnisvollere Weise verdrängt, verdrückt, verzupft haben? Wohin, das weiß niemand. In ein Gewissen? Kann nicht sein, Millionen und Abermillionen Morde, das hält doch kein Gewissen der Welt aus, oder? Und Knirpse haben womöglich noch kein richtiges Gewissen, sondern Hunger und Durst und eine nur schwer stillbare Lust auf Kaugummi. Und das Kinderleben dauert unendlich lang.

4 / MEINE ZWEI BESTEN FREUNDE – SCHWARZ WIE DIE NACHT FINSTER

Die ersten englischen oder amerikanischen Wörter meines Lebens haben so gelautet: »Blies gimmi ä Dschuing Gam.« Muss ich jetzt nicht übersetzen, oder? Dadurch, dass meine Seltmanns-Oma im einst eigenen Haus als Putzfrau für die amerikanischen Soldaten arbeiten hat dürfen müssen, war für den Enkel nie ein Mangel an Dschuing Gam, Hershey's Sirup, Drops, Butterfinger, Negernussbutter und fürsorgliche Zuwendung. Auf die Negernussbutter, die erst viele Jahre später in Erdnussbutter umgetauft worden ist, komm ich noch zurück.

Die Oma also im Dienst der sogenannten Besatzungsmacht, sich oft bitter beschwerend, dass »die Ami« immer ihre schmutzigen Stiefel gschdregsderlängs auf ihrem schönen Esstisch hinlümmeln, die Mutter und ich und womöglich auch meine erste kleine Schwester derweil eine Straße weiter, nämlich der Tiefäckerstraße, in einer Eineinviertel-Zimmer Notunterkunft. Und das Haus voller Geheimnisse. Eines davon hat an einem bereits dusteren Novembernachmittag stattgefunden. Es hatte das erste Mal in dem Jahr geschneit, und auf der spiegelglatten Garagenabfahrt hat es mich beim Heedschln (hochdeutsch: Schlittern oder so ähnlich) erst auf den Hosenboden gepfeffert und dann mit aller Wucht der mir damals noch nicht geläufigen Schwerkraft auf den Hinterkopf. Den dumpfen Einschlag spür ich manchmal heute noch. Mein Rotz-und-Wasser-Heulen und Angstschreien vor meinem womöglich allerersten Kinder-

schmerz, dem später noch viele Kinderschmerzen gefolgt sind, ist so besänftigt worden: Von irgendwo aus dem Haus eine tiefe Stimme, wenn ich nicht augenblicklich mit dem Gebfliedsche aufhör, kommt der Bulzermärddl, steckt mich in seinen Sack, prügelt mich windelweich, anschließend verschleppt er mich in den Wald, und Weiteres werde ich dann schon sehen. Mein erster Kontakt mit den Grundzügen der damaligen, christlich geprägten Hochpädagogik.

Dagegen die Ami: Lustigere, zärtlichere, mitfühlendere und überhaupt nicht umeinanderbrüllende oder Schelln und Pelzmärtel androhende Freunde wie die zwei riesigen, stahlbehelmten Neger, die vor unserem ihrem Haus immer patrouilliert haben, sind in meinem Farn- und Tiefäckerstraßenparadies zwischen Wald, Wiesen, Schmausenbuck, Schlupfwinkeln aller Art und wunderbaren Bombentrichtern nicht vorgekommen. Also vorläufig nicht. Und weil ich grad hinschreib »Neger« und vorhin »Negernussbutter« und wie selbstverständlich weiß, dass man es besser nicht hinschreibt, das heutzutage sogenannte »N-Wort«: Später im Realgymnasium hab ich vom Referendar, dann Assessor, dann Studienrat Alois Bittner gelernt, dass das lateinische Wort *niger* auf Deutsch »schwarz« heißt und der Neger, weil er eine einigermaßen schwarze Hautfarbe hat, sich von *niger* herleitet. Was ein Wort ist und was man in es anschließend in seiner Volldummheit verächtlichst zwischen die Buchstaben hineinposaunt, wahlweise hineinhasst, das sind wahrlich zwei grundverschiedene Angelegenheiten. Oder gilt das beim Sprechen und Schreiben nicht mehr: Dass der Inhalt wichtiger ist als die Verpackung?

Vielleicht um das Jahr 1946 rum, eher kann es nicht gewesen sein, später wegen der voll verbrieften zweiten Begegnung

mit dem deutschen Wehrmachtssoldaten auch nicht, hat sich mein Horizont deutlich erweitert – leider auch weit über die zwei schlotfegerschwarzen Wach-GIs in der Farnstraße hinaus. Irgendwie über Nacht hat sich mein kleines amerikanisches Paradies beträchtlich vergrößert – ein Mal um den Stock rum von Mai bis September barfuß durch die Farnstraße, Tiefäckerstraße, Blütenstraße, Eichenstraße und in ganz besonders tapferen Fällen bis vor zur fast endlos langen Schmausenbuckstraße. Hinter dem ganzen Quartier der Wald, Wiesen, Krauser's Rollschuhbahn mit Schallplattenmusik, im Winter mittels Wasserbespritzung Krauser's Eislaufbahn, Eintritt in beiden Jahreszeiten jeweils zehn Pfennig, und – Obacht jetzt, was sich in Bezug auf Max Morlocks Ballkunst angeschlossen hat an das schöne, weite, vorläufig vollfriedliche Land: der Turnerbund Mögeldorf, der Sportbund Phoenix, der TSV Jahn 1863, der TSV Ost und Zabo Eintracht. Und wo hat der Morlock, aus der Schlossstraße in Gleißhammer stammend, lang vor dem Krieg, weil 1925 geboren, sein Fußwerk bestehend aus Schwanzn, Ball mit dem Hintern praktisch hermetisch abdeckend, Köpfen, in die Gasse spielen, erlernt? Genau! Bei Zabo Eintracht.

Dass nur ein einziger Nürnberger Schreiber viele Jahre später dem Max Morlock sein für mich so anbetungswürdiges Leben mit großer Mühewaltung lesbar mehr hingezwirbelt als beschrieben hat – na ja, Schwamm drüber. Und dass dieser Schreiber bis zum 8. Mai 1945 nicht nur ein leitender Richter, sondern auch ein Oberregierungsrat und SS-Obersturmbannführer gewesen ist – da funktioniert das »Schwamm drüber!« ohne Weiteres bis heute noch. Und das Allerschärfste: Ziemlich schnell und praktisch übergangslos hat der schnulzige Morlock-Biograf, ein Herr Dr. Sowieso, zwölf Jahre lang glühendster Hitlerver-

ehrer, seinen juristischen Höhenflug fortsetzen dürfen, bis, wie es heißt, »zum verdienten Ruhestand«. Wegen mir hätte der Behelfsdichter in seinem »verdienten Ruhestand« alles machen können – bloß: nie mehr pensionsberechtigter Richter werden und vor allem kein Buch über meinen hochverehrten Morlock ableiern. Dass das Buch bei mir daheim immer noch in meinem Lektürelager steht, unter dem Buchstaben R wie Ruhmreich – Schwamm drüber. Dass der Max Morlock damals in Gleißhammer daheim auf einer abgepausten Generalstabskarte mit großer Hingabe den Kriegsverlauf beobachtet, mit Fähnchen abgesteckt und bejubelt hat, dass mein späterer Held in dieser Zeit ein ganz anderer Held hat werden wollen und sich in seinen Tagträumen schon als Spähtruppführer am Ural oder wo gesehen hat und dann wirklich als halbes Kind die Club-Stutzen, die schwarze Hose und das weinrote Trikot mit einer Wehrmachtsuniform getauscht haben soll, freiwillig und begeistert – wer weiß, ob sich das alles der Herr SS-Obersturmbannführer später beim Dichten nicht aus den Fingern gezuuzelt hat. Der Buchstaben-Zuuzler, der braune. Wo hätt denn der Morlock das Schwanzn, Ball mit dem Hintern Abdecken, Köpfen, in die Gasse spielen ausüben sollen? Am Ural gwiss? Oder in Stalingrad?

»Schwanzn« muss ich noch sprachwissenschaftlich darlegen, nicht dass jemand auf komplett abwegige Gedanken kommt. Damit hat es nämlich überhaupt nix zu tun, sondern höchstwahrscheinlich mit dem Schwänzeln, also im Sinn von Durchschlängeln. Kann auch sein, dass der oft einmal schnell und kurvig schnalzende Kuhschwanz was damit zu tun hat. Schwanzn halt: Links antäuschen, rechts vorbeispielen, am besten fünf Mal hintereinander, also einen Gegenspieler auf der Gesamtfläche von einem Bierfilzla derartig schwindlig spielen, dass der alle Himmelsrichtungen durcheinanderbringt und zusätzlich nicht

mehr weiß, wo oben und unten ist. Im Extremfall: Das Bierfilzla hochkant. Wer was von Dramaturgie versteht, wird jetzt schon ahnen: Bald hab ich es auch beherrscht, das Schwanzn. Nicht auf einem Bierfilzla, sondern gleich hinter unserem Haus auf dem Bauer Holweg seinen saueren Wiesen, unserem Reserve-Zabo.

°°°

Der Lebensretter, Herzspezialist und Mittelstürmer

Aber jetzt erst große Trauer. Meine besten Freunde, die zwei Neger, und überhaupt alle Ami, für die die Seltmanns-Oma geputzt und gekocht und aufgeräumt und Obacht gegeben hat, dass sie keinen groben Unfug anstellen in ihrem Haus, alle miteinander sind von einem Tag auf den anderen verschwunden, samt ihren Jeeps, Lastwagen, Maschinengewehren und samt meinen Dschuing-Gam-Rationen, Butterfingern, Drops, Negernussbutter und so weiter. Warum? Weiß ich schon wieder nicht genau. Aber ich hab eine Mutmaßung. Denn wer – außer uns, also die Seltmanns-Oma, Mami und ich – wer ist bei uns auf einmal in den ersten Stock eingezogen? Genau! Ein gewisser Herr Dr. Theo Haggenmiller und seine Familie, bestehend aus dem Herrn Doktor, berühmter Herzspezialist, seiner Frau, nämlich der Frau Doktor, haben wir zu ihr sagen müssen, obwohl sie kein Doktor war, und dem Wolfgang, dem Herrn Doktor und der Frau Doktor, die kein Doktor war, ihr Sohn. Der ist später auch ein berühmter Herzspezialist geworden. Was aber dem Wolfgang, im Gegensatz zum Vater, bei aller Berühmtheit zeit seines Lebens abgegangen ist: das Schwanzn. Es ist ihm scheint's aus den Genen fein säuberlich rausoperiert worden, denn eigentlich hätte es in ihnen, den Genen, unbedingt drin sein sollen.

29

Nämlich hat der Senior, der Herr Doktor Theo Haggenmiller, praktisch zwei Berühmtheiten in sich vereint: die Kunst am Herz und die für mich mindestens genauso wichtige Kunst am Ball. Dass der Theo Haggenmiller, geboren im Jahr 1886, in sehr entfernten Zeiten, von 1903 bis zum Beginn des ersten Weltkriegs 1914, ein berühmter Mittelstürmer des 1. FC Nürnberg gewesen ist – das wird bis zu den Amerikanern möglicherweise nicht durchgedrungen sein. Und wenn aus Versehen doch, dann war es ihnen bestimmt wurschd und für den Herrn Doktor bei der Wohnungssuche sicher nicht dienlich. Könnt aber doch sein, dass die Räumung unseres besetzten Hauses mit seinem Beruf was zu tun gehabt hat. Denn wer Herzweh heilen kann, braucht eine schöne Wohnung, möglichst mit Schmausenbuckblick, und so ist der einstige Mittelstürmer und jetzt Herzdoktor, vielleicht auf Fürsprache von irgendeinem Nürnberger Ober-Ami, eines schönen Sommertages des Jahres 1946 bei uns in den ersten Stock eingezogen. Dass er ein berühmter Club-Spieler war, hab ich nicht gewusst damals. Aber wahrscheinlich übertragen sich solche Sachen auf geheimnisvolle Weise, von Seele zu Seele. Weil: Wie sonst, wenn nicht durch Seelenwanderung zwischen mir und den Herren Haggenmiller und Morlock, hätt ich ungefähr zwei Jahre später die beste Schwanzkistn von ganz Mögeldorf, Gemarkung Farnstraße, und womöglich sogar drüber hinaus werden können. Eine Seele, rätselhaft wie sie ist, geht wundersame Wege, Gott sei Dank auch Umwege.

Was ich vom Doktor Haggenmiller aber ganz sicher in Empfang nehmen hab dürfen: die erste von insgesamt mindestens drei Lebensrettungen und die ersten und keineswegs letzten nicht nur angedrohten, sondern wahrhaftigen Drümmer Schelln meines Lebens. In dem Fall aber nicht wegen Zucht und Ordnung und so weiter. Das ist so gekommen, dass meine Mutter

und die Seltmanns-Oma den damals häufig, manchmal sogar schmerzhaft wahrnehmbaren Hunger mit folgenden Lebensmitteln gestillt haben: Brennnesselsalat, mit nix marinierten Löwenzahnblättern, vollkommen fettaugen- und hühnerfleischfreier Hühnerbrüh und eingeweckten Gartenfrüchten. Zum Einwecken braucht man einen abortschüsselgroßen, blechernen Einwecktopf. Der ist am Gasherd gestanden, hat mittels seiner Masse die Gasflamme gelöscht, nur das ausströmende Gas hat er leider nicht erstickt, und es sind meine Schwester und ich erst käseweiß im Gesicht geworden, dann bewusstlos und dann, dann war es durchaus von Vorteil, dass wir den Herrn Doktor Haggenmiller im Haus gehabt haben. Gasvergiftung war zwar nicht sein Fachgebiet, aber er hat es sofort und richtig diagnostiziert. Und die Therapie war auch in Ordnung. Erst hat er meiner Schwester mit der flachen Hand eine gescheuert, links und rechts, und anschließend mir. So sind wir durch insgesamt je fünf bis sechs granatenartige Schelln wieder aus unserer Ohnmacht erwacht, haben unsere zuletzt eingenommene Mahlzeit, womöglich Brennnesselsalat und hühnerfleischlose Hühnerbrüh, auf die Betten gespeit und sind wieder ins Leben zurückgekehrt. Ob das für uns zwei gut war, ist wieder eine ganz andere Frage, aber der Nebenerwerbsgasvergiftungsspezialist Haggenmiller, unsere Mutter und die Seltmanns-Oma haben sich über die Wiederauferstehung sehr gefreut.

Kurz vorher, noch im Notquartier der Tiefäckerstraße, ist was sehr Seltsames passiert. Ein Sommertag des Jahres 1946. Ich sitz da am Randstein in der Blütenstraße in der Sonne und spiel mit dem Wulf (Wulfe hat es damals in unserem Viertel zwei gegeben), in dem Fall dem Weidners Wulf I, Amilens. Wird jetzt nicht gleich jeder verstehen: Amilens. Man müsste dazu wissen:

Versteck spielen hat bei uns Versteckerlens geheißen, Fangen war Derfang oder Derfangerlens, lautloses Anschleichen mit anschließendem Überfall Indianerlens, Doktorspiele Dokterlens, überhaupt bei vielen Spielen immer das -lens hinten dran. Ganz anders hat es sich mit dem später mit größter Inbrunst aufgenommenen Fußballspielen verhalten. Da hat es geheißen: »Mädsch mer halt a weng.« Also Mädsch wie Match. Wieder zurück zum Amilens. Das hat bedeutet, wir spielen Amerikaner. Der Wulf oben am Gartenzaunpfosten, und ich unten am Randstein hab zu ihm hinaufgefleht »Blies gimmi ä Dschuing Gam«, worauf der Wulf erst »Yes, liddl boy« gerufen und mir sodann einige gschwind von der Ligusterhecke gerupfte Blätter, grün wie *Wrigley's Chewing Gum*, heruntergeworfen hat. Amilens spielen halt. Und mitten im schönsten Amilensspielen schlurcht auf uns zwei ein alter, haben wir jedenfalls gedacht, ein alter Mann zu, zerlumpt, vollbärtig, abgemagert, ausgemergelt, also für uns komplett furchterregend. Und mich fragt die wandelnde Vogelscheuche, der wie aus dem Nichts aufgetauchte Blütenstraßengeist, ob ich wisse, wo hier in der Gegend eine Familie Schamberger wohnt. Vermutlich habe ich es dem abgerissenen Schlurcher ziemlich genau erklärt: die Blütenstraße ein Stück weiter, dann links in die Tiefäckerstraße und dann was weiß ich. Meinen Nachnamen hab ich vorsichtshalber für mich behalten. Und dann haben wir, der Wulf und ich, weiter Amilens gespielt. Blies gimmi ä Dschuing Gam. Yes liddl boy. Und ich schau manchmal dem zerlumpten alten Mann noch nach, bis er in die Tiefäckerstraße verschwindet. Und wie ich unpünktlich wie immer mittags heimgekommen bin, wer sitzt da in unserer halbbombardierten Notküche? Der vollbärtige, vogelscheuchenartig bekleidete Blütenstraßengeist persönlich und nimmt mich auf seinen Schoß. Und die Mami sagt: »Das ist dein Vati.« Sagen

wir es so: Von einer Wiedersehensfreude weiß ich nix. Woher hätte sie auch kommen sollen?

Dreieinhalb Monate nach der geglückten Flucht meines Vaters aus der Kriegsgefangenschaft haben am 20. November im Justizpalast an der Fürther Straße die Nürnberger Prozesse begonnen. »Ja«, hat mir meine Mutter später erzählt, »ja, das hab ich natürlich mitgekriegt. Aber es hat mich nicht interessiert. Muss ich so sagen, weil es die Wahrheit ist. Das hat damals in meinem Leben überhaupt keine Rolle gespielt. Wenn ich zurückdenke – es ist so viel damals um mich herum passiert, wichtige Dinge, politisch und moralisch – aber ich glaube, ich bin einfach teilnahmslos danebengestanden. Der Vati war endlich wieder daheim. Das hat gezählt in meinem, in unserem Leben. Sonst nichts.«

Was sonst noch in diesem Jahr 1946 passiert ist, bei mir in meinem kleinen Ami-Schlaraffenland – da kannst mein Hirn nach Herzenslust martern, es kommt nix raus. Wahrscheinlich der Umzug von der mir stets unheimlichen Tiefäckerstraße die paar Meter zurück in die Farnstraße 38, zusammen mit dem Mann, der »mein Vati« war. Mit ihm ist es manchmal seltsam gewesen. Abends am Bettschdäddla hat er uns seine Geschichten erzählt von einem Krieg, der entschieden ein ganz wunderbares Abenteuer gewesen sein muss: dauernd in der Weltgeschichte umeinanderkutschieren, von daheim in Ziegelstein aus erst in die Schweinauer Kaserne zum Gleichschritt und Scharf-Schießen-Lernen, dann ein paar Tage kurz vor Wehrmachtsdienstzeitende auf nach Polen zum Krieggewinnen, dann nüber nach Belgien, Luxemburg, Frankreich als Motorradmelder, dann Ukraine, Russland, Tschechoslowakei, Dänemark; dazwischen, beiläufig, zwei schwere Verwundungen, die eine bei der Nachtfahrt über

eine Brücke, die wegen Bombardierung inzwischen keine Brücke mehr war, die andere Verwundung ein Granatsplittertreffer in die Lunge. Lazarett in Fürth, kruppstahlmäßig wieder naus ins sogenannte Feld. Russische Gefangenschaft, Flucht, erwischt worden, polnische Gefangenschaft, Zwangsarbeit als Müller, nächste Flucht, dieses Mal versteckt in Güterzügen, zu Fuß, auf Bauernfuhrwerken, Lastwagenladeflächen, geglückt. Und was hab ich mir abends im Bettschdäddla unter zwei Verwundungen, einem Lazarett, zwei Gefangenschaften, zwei Fluchten vorstellen können? Nix. Höchstens, dass ein Krieg eine hochinteressante Angelegenheit sein muss, spannend bis dorthinaus, Karl-May-artig und meistens an einem wunderbaren Sommertag in Mögeldorf glücklich endend. Das kannst glauben: Schönere Geschichten als die vom Krieg hab ich auch danach lang nicht gehört. Bis zu den Filmen im Amerika-Haus.

◦◦◦

Der eine Opa in Dachau, der andere in der NSDAP

Ein bisschen schauerlich wird es auch in unserer zweigeteilten Familie gewesen sein. Da die Ziegelsteiner Sozialdemokraten, dort die Mögeldorfer Nationalsozialisten, und meine Eltern mittendrin in der Zwickmühle wie die leibhaftigen Odysseuse zwischen Skylla und Charybdis, was natürlich ein blöder Vergleich ist. Sozialdemokraten sind keine charybdischen Ungeheuer. Und bei den braunen Ungeheuern war es ja so: abends am 7. Mai als Heil-Hitler-Schreihälse hakenkreuzförmig ins Bett, am andern Früh teils als Demokraten, teils als frisch geschorene Unschuldslämmer aufgewacht. Hat zigmillionenfach ja sehr gut funktioniert. Und ich hab mir den wichtigen Fragesatz vom

Achim Bröger, Schriftsteller wie sein Großvater Karl, schon im Oberstübchen aufbewahrt: »Was hättest du damals gemacht?« Der Ziegelsteiner Opa, körperlich ziemlich klein, moralisch sehr groß, hat auch was gemacht. Wie der ehemalige KZ-Häftling nach 1945 endlich wieder Stadtrat geworden ist, hat er meinem anderen, anscheinend nicht gänzlich ungeschoren davongekommenen und arbeitslosen Großvater eine Anstellung im Rathaus beschafft. Womöglich eine Demütigung; denn niemals habe ich erlebt, dass sich die zwei Großväter in den letzten Jahren ihrer abgrundtief verschiedenen Leben getroffen und gar miteinander ihre zwei Welten besprochen hätten. Sachen gibt's und Vorgänge im Leben, da reichen zehn Hirne nicht aus, um es zu begreifen. Menschenhirne sowieso nicht. Laut Shakespeare gibt es ja mehr Dinge zwischen Himmel und Erde, als dass es sich eure Schulweisheit träumen ließe. Und in dem Zusammenhang schreib ich jetzt noch einmal die Namen meiner zwei höchst unterschiedlichen Großväter hin: Gregor Schamberger, Guido Seltmann. Merkt jemand was? Und zwar ruht in einer meiner zahlreichen musealen Schubläden eine goldene Taschenuhr im Lederetui, auf dem Sprungdeckel in schöner Schnörkelschrift eingraviert die zwei Buchstaben »G« und »S« – von wem ich die Uhr geerbt habe, von dem »G und S« Gregor Schamberger oder vom anderen »G und S« Guido Seltmann, weiß ich nicht mehr. Wenn man die Uhr aufzieht, tickt sie noch, es fehlt aber der große Zeiger. Und vor Jahren hat mir ein alter, längst pensionierter Uhrmacher bedauernd mitgeteilt: Die Uhr ist irreparabel, solche großen Zeiger gibt es nicht mehr.

Meine Eltern haben sich nach alter Familientradition da durchgeschwiegen. Heute ist der Ziegelsteiner Opa, der Gregor, kannst dir denken, mein Held. Aber damals infolge überhaupt keiner Ahnung war er es ganz bestimmt noch nicht. Vielmehr hat

es da schon begonnen, dass mir der Morlock teils im Kopf, teils in den Füßen herumgegeistert ist. Selbstverständlich hab ich den Max Morlock, den nicht einmal ganz einen Meter siebzig hohen Halbgott, nicht geliebt. Heutzutage liebst ja alles, was nicht niet- und nagelfest ist: Der eine liebt seinen Garten mitsamt dem Jägerzaun drumrum, die andere ihr Taschentelefon, auch von einer Liebe zu einem Dackel hat man schon gehört, manche Leute lieben eine heiße Luft oder den baldigen Flug zum Mars, nach Mallorca oder auf die Malediven, wieder ganz andere lieben einen Martini-Cocktail, ihren Mercedes oder Porsche, den 1. und nicht selten letzten FC Nürnberg, das Vaterland und so weiter. Oder sie lieben es heiß und innig, möglichst oft und löblich in der Zeitung drinzustehen sowie in einem Fäißbuck und Instagram und so weiter. Ein Vaterland, hat man uns beigebracht, soll man auch sehr lieb haben. Inklusive Vaterland handelt es sich bei all diesen sogenannten Lieben um eine komplette Hingabe zu Sachen. Könnte sein, dass es da mit der Gegenliebe ein bisschen hapert, oder? Ich liebe einige wenige Menschen, wen, geht niemanden und niemandin was an; und den Max Morlock, den hab ich verehrt. So ist die Sachlage, was den Unterschied zwischen Liebe und Verehrung betrifft. Solche Reklamesätze in Bezug auf den 1. FC Nürnberg, die da unter anderem lauten »Ich bereue diese Liebe nicht«, so ein Gesülze kann man sich ohne Weiteres klemmen. Nicht hinter den Spiegel, sondern hinter die Abortschüssel.

5 GIBT ES EINE SEELE?
IN FUSSBÄLLEN AUF JEDEN FALL

Mit dem Durcheinander in meiner Kindheit ist es folgendermaßen: Da setzt sich der Prediger Salomo eines Tages hin in
der Wüste oder wo, hat trotz Wüste vielleicht einen Schatten
und schreibt in aller Ruhe auf einen Papyrus drauf »Ein jegli-
ches hat seine Zeit, und alles Vorhaben unter dem Himmel hat
seine Stunde. Sterben hat seine Zeit, Geboren werden hat seine
Zeit, Pflanzen hat seine Zeit« und so weiter und so weiter, bis
ihm nichts mehr eingefallen ist, was noch alles seine Zeit haben
könnte. Schön und gut und sinnfällig natürlich. Sonst stünde
es ja nicht in der Bibel drin. Aber ich hätt es heutzutage gern
ein bisschen genauer. Wann hat denn der heilige, hochverehrte
Morlock bei mir seine Zeit gehabt? Und wie lang? Und hat er
vielleicht seine Zeit heut noch? Ich glaub es schon, wenigstens in
meinen Gedanken. Denn wenn du dem Fußballspiel, Betonung
auf Spiel, anhängst und es bald jeden Tag um die Ohren und die
Augen gehaut kriegst, sodass es verhältnismäßig tief ins Kopf-
innere, aber längst nicht mehr ins Herz eindringt, und wenn du
siehst, was aus diesem Spiel für ein grober Unfug geworden ist,
was hat dann momentan seine Zeit? Genau! Melancholie bis auf
die Knochen.

Was den Prediger Salomo betrifft, da hat sich in mir ein sehr
schönes Kindergedicht bewahrt, zum Thema Blähungen und
deren furchtbare, eruptionsartige Folgen. Das Gedicht, fast so
gut wie der erwähnte Bibeleintrag, geht so: »Salomo der Weise

spricht ›Laute Schieße riechen nicht, aber die leisen – Kindlein, davor hüte dich, denn sie stinken fürchterlich.‹« Laut und lustig und unschuldig und geruchlos hat sich damals der Fußball in unsere Füße und Seelen vorgearbeitet – vermutlich aus einem einzigen Grund, damit er heut, ungefähr 75 Jahre später, leis und hinterlistig und stinkbombenartig vor sich hin muffelt, wohl bald das Zeitliche segnet, die mit ihm erzeugten Milliarden oder Billionen aber höchstwahrscheinlich nicht in den Himmel mitnehmen kann. Oder in die Hölle, je nachdem. Da hat der Salomo kraft seiner alttestamentarischen Weisheit damals vor vielleicht dreitausend Jahren schon recht gehabt.

Womit wir bereits beim Palmsonntag sind, welcher bei uns infolge mittelfränkischer Laut- bzw. Leismalerei »Ballnsonntag« genannt worden ist. An Ostern hat der gleichnamige Hase im Garten meistens ein Hoosergärddla versteckt, ein einigermaßen fahrbares Nest mit einer Osterlammtafel drin, einem zäh und weitgehend fettfrei gebackenen, mürbteigigen Lamm Gottes und einem aus rötlicher Bonbonmasse gegossenen Osterhasenlutscher. Alles auf Lebensmittelmarken oder schwarzmarktwirtschaftlich erschlichen. Das weitaus bessere Geschenk also eine Woche vor Ostern: ein bunter Gummiball. Und es hat in unserem Spieltrieb die beste Evolution überhaupt eingesetzt: von Landstecherlens mit der Oma ihrem Küchenmesser, Amilens, Schusserlens, Derfangerlens, Versteckerlens, Doktorlens, Ruinen-Googerlens ganz langsam, Schritt für Schritt, Schüsschen für Schüsschen, Tor für Tor, hin zum Fußball. Aber schon lang vor der Wandlung des Palmsonntag zum Ballnsonntag – wer hat da den Ball, speziell den Fußball erfunden? Die Chinesen während der Dscheng-Beng-Dynastie oder so ähnlich? Einen Dreck, Herr Lehrer! Den Fußball als womöglich immerwährendes Spielgerät der Menschheit, den haben wir erfunden, damals im geheimnisvollsten, ent-

deckungsreichsten, abenteuerlichsten Dreieck der Welt zwischen Mögeldorf, Zabo und Gleißhammer. Erst hat er, der Ball, aus zwei bis fünf gut verwickelten und möglichst verknoteten Putzlappen bestanden. Genaues Passspiel, unhaltbare Schüsse in eine imaginäre Gambel und so weiter so gut wie unmöglich. Weil ich grad »Gambel« hinschreib: Gambel, sprich »Gambl«, die« ist kein Musikinstrument, kein Staat in Afrika, kein Krustentier und steht auch nicht im Duden, sondern bei Mittelstürmern schon immer hoch im Kurs, denn sie bildet mittels Torlatte und Torpfosten das magische Dreieck, in dem es, wenn man es trifft, unhaltbar für jeden Keeper, bei uns eingenürnbergert der »Kipper« respektive »Kibber«, einschlägt. Zweitens ist eine sehr gute Gambel auch eine möglichst aus Haselnussholzstecken gefertigte Astgabel, mit der man – unter Zuhilfenahme eines Einmachgummis und eines Schussers oder Steins und ähnlicher vorstadtkriegstauglicher Munition – sehr nachhaltig Fensterscheiben zu Bruch oder Vögel aller Art ins Jenseits schießen hat können. Natur- und Artenschutz war damals noch ein völlig unbekanntes Fremdwort. Nach dem Putzlappenball hab ich dann ohne fremde Hilfe den ersten und einzigen, fast bumerangartigen Fußball erfunden, der die jeweiligen Torhüter während eines scharf geschossenen Elfmeters oft zu Tod erschreckt hat, indem er laut brummend durch die Luft gerauscht ist. Es hat sich bei ihm um ein nach Verlust der Beine, Arme und des Kopfes nur noch aus dem Rumpf meines Teddybären bestehendes Spielgerät gehandelt. Bei günstigem Gegenwind, etwa ab fünf Beaufort, ist er nach dem Elfmeter im elliptischen Halbrundflug wieder zum Schützen zurückgekehrt, erneut brummend natürlich. Die Fußballevolution hat ihren Lauf genommen: Putzlappen, Teddybär-Rumpf, Gummiball und letztlich die Krönung – der Lederball mit Schnürung und – Obacht! – mit einer Seele unter dem Leder. Heut – noch einmal Obacht! – ganz

ohne Seele. Und als jene Seele ist selbstverständlich nicht nur das Innenleben, die Gummiblase und der dem Aufpumpen dienliche Schnerbfl, beschrieben worden, sondern es hat sich wirklich um eine Seele gehandelt, von der scheint's nur Kinder eine Ahnung haben. Wie sonst hätten wir, trotz Schelln und Schimpf und Schande und Hausarrest fast immer eine Seligkeit empfinden können. Oder kommt Seligkeit g'wiss nicht von Seele?

Und der Morlock, der kompletteste Halbstürmer der Welt und aller Zeiten, mein Schutzpatron und Strafraumgestalter? Kommt später dran. Von dem hab ich ja damals noch nicht die leiseste Ahnung gehabt, obwohl er stets in meiner Nähe war. Schlossstraße in Gleißhammer, Zabo Eintracht, das Club-Stadion als wahres Herz, genauer gesagt Seele von Zerzabelshof – war ja alles nur ein paar Gambelabschüsse entfernt von meiner Mögeldorfer Prärie mit ihren sauren Wiesen plus einem extrem molch- und kaulquappenhaltigen Bächlein, Kartoffel- und Futterrübenäckern, dem Schmausenbuck, der Pegnitz, einem Flussbad, Bauernhöfen, größtartigen Prachtbauten entlang der Schmausenbuckstraße, dem Tiergarten, zwei Bombentrichtern, zirka drei Kriegsruinen und null Wolkenkratzern. Ein Schlaraffenland für Kinder, auf Zeit. Wo das alles hinverschwunden ist? Erst auf Bankkonten, von dort in Testamente und Erbscheine und später auf die Cayman Islands oder was weiß ich wohin. Vielleicht ungefähr dorthin, wo heutzutage manche Fußballer- und Funktionärsgehälter und Zuhältereinkünfte gelegentlich auch landen. Jedenfalls hat sich unser Mögeldorfer Paradies wie auch der anrainende Zerzabelshofer Fußballhimmel in Aktien, Dividenden und vielleicht in noch größere Unsinnigkeiten aufgelöst. Die ganz normale menschliche Rachgier, beim Abflug ins Jenseits garantiert nicht transportabel. Merkst aber halt erst, wenn du nicht mehr auf Erden weilst, also nie.

Viel später, wie ich schon der emsige Wortklauber und Sumpf- und Sensationsreporter beim *8-Uhr-Blatt* war, hat mir der Morlock erzählt, dass er erstens keine Zeit hat, mir was zu erzählen, weil er doch grad in seinem Laden steht und Lottoscheine zählen muss, und dann hat er doch eine Zeit gehabt: dass er seinerzeit in Gleißhammer das Fußballspielen beim Kellerfenstern gelernt hat, erst auch mit zusammengewickelten Putzlumpen, dann weitgehend luftleerer Tennisball, dann Gummiball. Ungefähr so wie ich auch, nur zwanzig Jahre früher. Und, wichtigstens: dass ihm, dem Max Morlock, viele Jahre lang nahezu nichts so viel Spaß gemacht wie Fußball. Es ist wie im richtigen Leben: einmal Niederlagen ertragen, einmal Unentschieden hinnehmen, einmal Siege zelebrieren, dass du meinst, demnächst kannst du ohne Weiteres auch fliegen. Und stets um dich rum das beste Mysterium, das man sich auf Erden denken kann: der Ball. Sagt auch der Geschichtenerzähler, Philosoph und Fußballtorwart Albert Camus.

Jetzt muss ich die Sportart »Kellerfenstern« erklären, wie wir sie zum Beispiel in der Bahnmeisterei, wo dem Seitzens Horst sein Vater der Oberbahnerer gewesen ist, oder im Hinterhof der Emmerts durchgeführt haben: Fünf Kellerfenster haben fünf kleine Fußballtore gebildet, jeder gegen jeden, und wer zehn Tore kassiert hat, ist ausgeschieden. Beim Glasbruch eines Kellerfensters sind wir stiften gegangen, wer nicht, hat Drümmer Schelln vom alten Emmert empfangen. Der Emmert, auch bedenklich, war Versicherungsvertreter und, bis zum letzten »Nürnberger Reichsparteitag des Friedens«, der infolge Krieg nicht mehr stattgefunden hat, einer von den emsigen Organisatoren der KdF-Stadt. Das Kraft-durch-Freude-Zentrum, Übernachtungs- und Vergnügungspark für alle Nazi-Nachläufer hat

sich wo befunden? Möchte man fast nicht glauben, ist aber so: am Valznerweihergelände, spätere, ziemlich seelenlose Heimat des 1. FC Nürnberg. Die Seele, wirst wissen, ist beim Umzug aus Versehen im alten Zabo-Sportpark vergessen worden. Weiter hat mir der Morlock erzählt, dass er, entgegen seiner schnulzig hingeschriebenen Biografie, überhaupt nicht gern oder gar hurramäßig in den Krieg gezogen ist. Sein Leben sei schon immer der Fußball gewesen, mit ihm, dem Fußballspiel, könne man viel, wenn nicht sogar alles fürs Dasein lernen. Kannst ebenfalls bei Camus nachlesen, so wie ich es später im Club-Bad probiert hab. Aber jetzt unter uns: Max Morlock versteh ich entschieden besser als Albert Camus. So schaut's bei mir philosophisch aus. Aber bei aller philosophischen Unkenntnis verhält es sich bei mir höchstwahrscheinlich auch nicht recht viel armseliger als im Fußball anno heutzutage. Da wenn einer von den in sämtlichen Fakultäten voll und wissenschaftlich durchgenudelten Laptop-Trainern begierig lauschenden, willfährigsten Reportern was von einem asymmetrischen Linksverteidiger in der flachen Raute, von einem 4-2-2-2 in Pressing-Linie oder gar von einem breitziehenden Zehner inklusive einer situativen Mannorientierung ins Smartphone hineinplappert, dann handelt es sich bei dem schwer bis überhaupt nicht verdaulichen Schmarrn, echt wahr jetzt, um eine Philosophie. Und das schreiben wir Deppen, wir Fuß- und Bauchpinsler dann auch noch schwarz auf weiß hin, ohne mit dem Finger, situativ wie auch breitziehend, sofort in Richtung Stirn zu deuten. So blöd haben wir unbedingt werden müssen.

Hättest du das mit der situativen Mannorientierung und so weiter damals bei einer Taktikbesprechung dem Morlock erzählt, er hätte dem Trainer zwei Mark in die Hand gedrückt und gesagt, ungefähr: »Da hosd an Zwiggl. Gäih niiber ins Club-Haus

und kaaf der a Mouß. Mir schbilln awalln Fußball.« Auf Hochdeutsch: »Schau bloß, dass du dich schleichst, du gelaptopter
Spaß- und Spielverderber!«

○○○

Ein Vorstadtzwerg auf Wanderschaft

Jetzt ein ganz anderes meiner zahlreichen Welträtsel: Wie
kommt ein vom Zerzabelshofer Fußballfieber fast schon komplett durchseuchter Wicht dazu, seiner sehr kleinen Mögeldorfer
Welt den Rücken zu kehren und, ganz ohne Teddybär-Rumpf
oder Putzlumpenball, sich einer völlig anderen Sportart hinzu-
geben – dem Weitwandern. Die Wanderstrecke – Farnstraße,
Schmausenbuckstraße, Pegnitzüberquerung, Jobst, Herrnhütte,
Loher Moos, Ziegelsteinstraße 112 – wird jetzt vielleicht keine
alte Sau interessieren. Und dass ich damals ungefähr zwischen
vier und fünf Jahre alt gewesen bin, auch nicht. Die geschilderte,
durchaus höhenmeterhaltige Wegstrecke misst ungefähr sechs
Kilometer, für einen Erwachsenen beiläufig gut und ungern eineinhalb Stunden Fußmarsch, für einen im Kopf vermutlich nicht
ganz dichten Knirps eine Weltwanderung. Also falls ich damals
doch schon ein leidlich tätiges Hirn gehabt hab, was wird mir an
diesem unvergesslichen Sommertag durch die Synapsen geschlichen sein? Unsere Wald- und Wiesenbande, später zuständig
fürs Schwanzn, Stehlen, Kaulquappenschlucken, Krötenaufbla-
sen, Zigarettenmissbrauch und so weiter, hat es da noch nicht
gegeben. Dann und wann eine sehr melancholisch stimmende
Langeweile hingegen durchaus. Und was mir angeblich mit in
die Wiege, die es gar nicht gegeben hat, gelegt worden sein soll?
Von der Mögeldorfer Großmutter hab ich es einmal, eigenohrig

an der Tür lauschend, gehört: »Der immer mit sei'm Umeinanderzigeunern. Wirst schon sehn, wie weit es der bringt.« In dem Fall, mutter- und vaterseelenallein, sechs Kilometer weit hab ich es gebracht. Und was das Umeinanderzigeunern betrifft – ein paar zigtausend Kilometer sind es später wirklich geworden. Hat man so was im Blut oder wo? Was weiß denn ich. Vielleicht stammt es in Teilen vom Schambergers-Opa, der in Unterschleichach unehelich auf die Welt gekommen ist, womöglicher Vater ein nach verrichteter Zeugung für immer verschwundener Hausierer. Jetzt also ich, der Vorstadtzwerg, der ich mit Müh und Not einen Maulwurfhaufen erklimmen hab können: Hinaus aus meinem Viertel und nunter zur Pegnitz, die freiheitliche Luft sehr genießend, weiter zum Thumenberger Weg, und an der Äußeren Sulzbacher Straße, nach ungefähr einem Drittel der Gesamtwanderschaft, hat mich die Geografie verlassen, beziehungsweise die Kenntnis derselben. Und jetzt? Kein Problem. Hab ich einen Mann gefragt, wo es hier bitte nach Loher Moos geht, Ziegelsteinstraße 112. Der Mann: »Da muss ich auch hin, geh mer mitnander.« Falls wer mit dem Loher Moos und Ziegelstein ins Grübeln kommen möchte: Die Ziegelsteinstraße 112 befindet sich im Stadtviertel Loher Moos, umgeben von Schafhof, Herrnhütte, Marienberg und Ziegelstein. Für mich und meine Geografie befindet sich die Ziegelsteinstraße in Ziegelstein. Wär das also auch geklärt. Und nach ungefähr zwei Stunden hat mich der behütende und nix anders im Sinn führende fremde Mann an der Haustür Ziegelsteinstraße 112 abgeliefert. Beim Ziegelsteiner Opa, der Oma, welche Kuni gemäß ihres vollen Vornamens Kunigunde heißt, bei der Tante Sofie, beim Onkel Robert und bei meinem Lieblingscousin Gert, um nicht zu sagen Kuseng, also an dem ganz wunderbaren, weitgehend von den Bewohnern selbst gemörteltem Sandsteinhaus, mit Stall, mit Hühnern, mit

Rettichen, Johannisbeeren und Stachelbeeren und Erdbeeren und von vorn bis hinten voll mit schöner Fröhlichkeit. Ich nach was weiß ich wie viel Stunden angelangt in kompletter Glückseligkeit, daheim in Mögeldorf eine Bombenstimmung, schlimmer als seinerzeit bei einem Fliegeralarm. Die Polizei war auch schon verständigt. Die erziehungsüblichen Drümmer Schelln, das weiß ich genau, hab ich bei der am Abend erfolgten Übergabe an meinen Vater in dem Fall nicht erhalten. Ausnahmsweise. Die Wiedersehensfreude wird überwogen haben, nehm ich an. Und zweitens nehm ich noch an: Der wahre Beweggrund für mein Stiften gehen nach Ziegelstein ist Heimweh gewesen. Nach meiner Zweitheimat, vielleicht auch der ersten.

° ° °

Am fahrbaren Lagerfeuer durch die Fränkische Schweiz

Wohl dem, der mehrere Heimaten hat. Man kommt damit viel rum in der Welt, und nach dem Rumkommen wird man irgendwann einmal sehr gern sesshaft. Wie hingemörtelt. Überhaupt Ziegelstein: zum Beispiel im Vorgarten des Sandsteinhäuschens die Laube, direkt unterm Wohnzimmerfenster. Dort sind schon zu Zeiten, wie man noch was besprechen hat dürfen, vor dem Jahr 1933, der Opa und der ein paar Häuser weiter wohnende und dichtende Karl Bröger gesessen und haben die immer düsterer und brauner werdende Welt besprochen. Bis man ihnen das Besprechen unbotmäßiger Ansichten dann für jeweils ein Jahr lang im Konzentrationslager Dachau einigermaßen erfolgreich ausgetrieben hat. Und später, wie das Braune endlich wieder dort gelandet war, wo es kraft seiner Inhalte hingehört, in den Tiefen der Scheißhäuser, ist es in der Laube vom Opa und seiner Kuni

noch viel schöner gewesen. Manchmal so schön, dass in den späten Abendstunden, wenn auf die Spitz vom Uhrentürmchen am *Konsum* schon der Mond aufgesteckt war, alle Tanten und Onkel und Cousinen und Kusenge und meine Eltern aufgestanden sind und wunderbare Lieder gesungen haben. *Der Mond ist aufgegangen*, *Kein schöner Land in dieser Zeit*, *Der Mai ist gekommen*, *Lustig ist das Zigeunerleben*, *Am Brunnen vor dem Tore*. Wenn Erinnerungen Augen hätten und weinen könnten – jetzt würden sie mindestens so feucht und läufig werden wie dem Opa sein eigenhändig gekelterter Stachelbeerwein. Herr- und Frauschaften, das waren Ziegelsteiner Sommerabende wie Samt und Seidla, die könntest du dir ans Revers stecken! Wenn es sie noch gäbe.

Zu diesem Gedächtnisschatz, der sich jetzt schon langsam aber stetig bei Nacht und zunehmendem Kopfnebel aus dem Staub macht, gehört auch der Onkel Helmut. Seinerzeit verheiratet mit meiner Tante Käte, genannt die Käddi, später resoluteste Nürnberger SPD-Stadträtin und Sozialreferentin, Lieblingsfeindin der mit ihr schwer rivalisierenden und letztlich karrieremäßig obsiegenden SPD-Ministerin Käte Strobel. Immerhin: Nach meiner Tante Käte ist ein großes Nürnberger Altersheim in Johannis benannt, das Käte-Reichert-Heim, nach der Käte Strobel nur eine kleine Nebenstraße am Hauptbahnhof. Mitnehmen auf den Südfriedhof oder noch höher nach oben kannst weder das eine noch das andere. Der Onkel Helmut also. Hat zwei Söhne gezeugt, erst den Horst, dann den Arnold (zweiter Lieblingskuseng), und nach dem Krieg hat der Lastwagenmotortüftler und Kleinspediteur Helmut Reichert auf seinem woher auch immer stammenden Transportfahrzeug für Sachen aller Art einen Holzvergaser zusammengeschraubt und geschweißt und gehämmert und gebohrt und genietet. Wie ein Lastwagen mit Holzvergaser funktioniert, da müsstest den Onkel Helmut, wohnhaft im Jen-

seits, Geselligkeitsgasse 1, schon selber fragen. Ich weiß nur so viel: Eines schönen Sommersonntags hat er über die Ladefläche seines null Liter Benzin verbrauchenden Holzvergaserlasters einige Sitzbretter geschoben und die gesamte bucklerte und nichtbucklerte Ziegelsteiner Verwandtschaft aufgeladen, mich auch. Fahrtpreis pro Mann: Fünf Scheidla (deutsch: Scheitlein) Hulz (deutsch: Holz). Hinter der Fahrerkabine mit dem Onkel Helmut drin ein großer, hulzscheidlagschürter (deutsch: holzscheitleingeschürter) Kessel. Und mit Hilfe von dem durch die brennenden Hulzscheidla (deutsch: siehe oben) scheint's erzeugtem Gas hat uns der Onkel Helmut alle miteinander in die Fränkische Schweiz geschürt, wo es höchstwahrscheinlich auch einen Stachelbeerwein, einen Schlehengeist oder ein Dünnbier gegeben hat. Jedenfalls sind wir im Schein des flackernden Kesselfeuers nicht nur sehr selig und fröhlich und gesellig, sondern auch die Lieder aus der Ziegelsteiner Laube inbrünstig singend wieder heimgekehrt. Das musst dir einmal vorstellen: Die ganze Verwandtschaft singt sich sanft und ein bisschen schunkelnd durch die Hügel der Fränkischen Schweiz, durch die Nachtfrische, durch unser Kirschen- und Kirschwasserland, vorbei an Raubritterburgen ohne Raubritter, durch sehr stille Dörfer, Gräfenberg, Eschenau, Großgschaidt, Glaagschaidt (deutsch: Groß- und Kleingeschaidt), eng aneinander gedrängt um ein mit ungefähr vierzig Stundenkilometer fahrbares Lagerfeuer. Das kannst ohne Weiteres annehmen: Kein schöner Land zu dieser Zeit.

Von dieser märchenhaft anmutenden Holzvergasertour mit dem Onkel Helmut abgesehen ist mir die Fränkische Schweiz später schon weit aus dem Hals rausgewachsen. Weil: immer Sonntag Familienpflichtausflug im Vater seinem von ihm innigst ins Herz geschlossenen Glanz und seiner Gloria, dem klapprigen DKW. Pflicht hat bedeutet: Feiertagstracht, gewaschenes Gesicht,

frisch gezogener Scheitel, Nausknattern nach Egloffstein, Mittagessen in der *Alten Post* und dann der beste Sonntagskrampf überhaupt – sackweise Ziedzn- oder auch Budzlkühsammeln im Wald, anschließend gemeinsames Erklimmen des Pfarrfelsens mit der immer wieder gleichen elterlichen Frage, ob das von hier oben nicht eine ganz wunderbare Aussicht sei. Fragt sich nur, wie sich eine ganz wunderbare Aussicht in einem Kindskopf darstellt, wenn man sie schon zehn oder zwanzig Mal genießen hat müssen. Warum Föhrenzapfen bei uns Ziedzn oder Budzlküh geheißen haben, weiß nicht einmal der Duden, höchstens der Dialektkundler Dr. Herbert Maas. Aber den hab ich damals noch nicht gekannt, und heut ist er auch schon lang im Mundartforscherhimmel. Dafür haben wir gewusst, warum wir stundenlang in den Wäldern zwischen Egloffstein und Mostviel Ziedzn oder Budzlküh in alten Kartoffelsäcken einsammeln haben müssen: nämlich für das Heizen vom Badeofen. Badetag war immer am Samstag, ganz gleich, ob man die Ganzkörperwaschung nach jeweils einwöchiger, kompletter Wasserabwesenheit nötig gehabt hat oder nicht. Badetag daheim – weiß jeder einigermaßen erinnerungsfähige Altertümler – hat bedeutet: einer oder eine nach dem anderen ins selbe, immer trüber werdende Wasser der Familienzinkbadewanne.

°°°

Unser Glück – im See ertränkt

Die besten Badetage aber haben zwischen Juni und September fast täglich im verfeindeten Ausland, jenseits der Mögeldorfer Grenzen, in Jobst, stattgefunden. Im Pegnitzflussbad. Ob die Pegnitz jetzt wirklich ein Fluss ist, vergleichbar mit dem Missis-

sippi, ob wir Tom Saywer oder Huckleberry Finn waren, ob die Hiltners Ursel uns als die wahre Inkarnation der Becky Thatcher gedient hat, das sei einmal dahingestellt. Aber Tatsache ist: Erinnerungen, seien sie noch so diffus, sind die wahrste Wahrheit überhaupt. Laut Jean Paul bilden sie sogar das einzige Paradies, aus dem wir zeit unseres Lebens und zeit unseres Gedächtnisses nicht vertrieben werden können. Das Pegnitzflussbad, linkes Ufer Mögeldorf, rechtes Ufer auf Jobster Gemarkung, hat ein Paradies gebildet, da brauchst keine testamentarischen Verheißungen und Weissagungen. Natürlich hat es nicht Pegnitzflussbad geheißen, sondern erstens Zeherbad und zweitens Zehnerlasbad. Bedeutet also, die Wassertiefe in der Nichtschwimmerabteilung hat ausgereicht, um die Zeher (deutsch: Zehen) zu umspülen, und der Eintritt hat ein Zehnerla (deutsch: zehn D-Pfennig) gekostet. Oder null Pfennig, wenn man am diesseitigen Mögeldorfer Ufer das Schlupfloch im Drahtzaun als Eingang benützt hat. Jetzt muss man nur noch beschreiben, welche Lernhilfen einem für jene zehn oder null D-Pfennig zugeteilt worden sind. Da waren zum einen das Astloch in der Frauenkabine zum erstmaligen Erblicken des weiblichen Gesamtkörpers und sorgfältig im Gedächtnis speichern, zum anderen die Lehrstunden in der Disziplin Hundstrapp, also schwimmartige Fortbewegung im Wasser durch nervöses und von der puren Angst angetriebenes Zappeln der vier Gliedmaßen. Auch hat uns ein gewisser Herr Remshart aus der Blütenstraßen-Nachbarschaft zuweilen oberhalb des Zehnerlas-Bades, an einem Pegnitzwehr mit Wasserrutsche, in hohem Bogen ins Wasser geschmissn, sodass uns einige durchaus reißende Wellen zehn Meter weiter auf eine Sandbank gespült haben. Unter uns menschlichen Wurfgeschossen sind, wohlgemerkt, durchaus Kinder, die nicht schwimmen haben können, sehr vergnügt zum Schleuderkurs angetreten. Auch sol-

che Kinder, die nicht einmal den Hundstrapp beherrscht haben. Heute, da bin ich mir sicher, gäbe es für den Kinderschleuderer Remshart als Quittung für sein fröhliches Tun weder Beifall noch weithin schallendes Freudengeschrei und schon gleich gar nicht ein Bitteln und Betteln seitens uns Knirpsen und Knirpsinnen um eine Wiederholung der Mutprobe, sondern zweieinhalb Jahre Mannertstraße ohne Bewährung. In der Mannertstraße, wer es nicht weiß, befindet sich die Nürnberger Justizvollzugsanstalt.

Welche fürs Leben wichtige Erkenntnisse haben wir aus dem Zeherbad noch mitgenommen? Dass ein Pegnitzwasser am Hals ein Dreegrändla (deutsch: Dreckrand) erzeugen kann, welches man vor dem Heimkommen wegwulchern muss, damit man von der Mutter nicht mit Wurzelbürste und Kernseife unter erheblichen Schmerzen zwangsgereinigt wird; dass man sich als Verlierer beim Dreeg (Kartenspiel), bestehend aus Sechsersechzg (66), Roud-Assn, Beddl und Farbensammeln, dem Fingerbizzeln unterziehen muss, bis einem das Blut unter den Fingernägeln zusammenläuft; dass gegen einen Sonnenbrand nix hilft, es sei denn Tiroler Nussöl; dass kaum was auf der Welt besser schmeckt als ein ganz dünn bestrichenes Butterbrot mit Tomatensalat aus dem Einweckglas; und dass frisch gemähte Sommerwiesen entschieden nach großen Ferien riechen. Und heut fragst du dich, warum sie das alles, Zeherbad, Hundstrapp, Sandbänke, Kinderweitwurf, Astlochanatomiestudien, Tomatensalat im Einweckglas, Tiroler Nussöl, Dreegrändla am Hals, Fingerbizzeln und nach großen Ferien duftendes Heu, warum sie das vor langer Zeit schon zu einem Wöhrder Stausee geflutet haben, der im Sommer nicht nach großen Ferien riecht, sondern nach Blaualgen stinkt? Warum sie unser Glück ertränkt haben? Nach der Antwort auf so eine Frage müsste fei ein auch noch so

promovierter Glücksforscher lang forschen. Ich wüsste es, aber mich fragt ja keiner.

Stichwort Glücksforscher, hauptberuflich mit Doktor- und Professorentitel: hat es damals noch nicht gegeben und haben wir auch nicht gebraucht. Auf Glück haben wir eine Dauerpacht gehabt, und auf das massenhaft existierende Pech um uns rum haben wir gepfiffen. Auch wenn es, das Pech, häufig auf uns herniedergeprasselt ist. Weniger auf meine Geschwister – zu meiner ersten Schwester ist in dieser Zeit eine zweite Schwester dazugekommen und später mein kleiner Bruder, alle drei vom Storch eingeflogen, versteht sich.

Für mich aber Pech mit und ohne Tiefenwirkung in allen Variationen: die schon mehrmals erwähnten Drümmer Schelln (»Drümmer« kommt übrigens von »Trumm« mit hartem »T« wie »Deodor«), die kleine Teppichklopferstrafe mit Lederhosenschutz, die große Teppichklopferstrafe ohne Lederhose, die verkehrte Schelln mit dem Handrücken, in der Volksschule dann sogenannte Bföödschla (Diminutiv von Pfote) in der milderen Form mit dem Rohrstock, Bföödschla in der härteren Form mit dem Haselnussstecken, Kopfnüsse oder Hochziehen des Gesamtschülerkörpers an den Haaren. Letzteres mit Vorliebe vom Katechet Roth vollstreckt, der uns im Schulfach »Christliche Nächstenliebe« unterrichtet hat. Einigermaßen gebildete Kinderschinder haben nach dem altgriechischen Leersatz gehandelt: Wer nicht geschunden wird, wird auch nicht erzogen. Bei Halb- und Druntergebildeten hat es geheißen: Wer nicht hören will, muss fühlen. Manchmal ist mir Hören und Sehen vergangen. Betreffs der Schelln, Waadschn, Stockhiebe und Kopfstüber fragen Zeitzeugen der seinerzeitigen Hochpädagogik heute noch und immer wieder gern, rein rhetorisch: »Und? Hodds uns wos g'schadd?!« (deutsch: »Und? Hat es uns geschadet?!«) Antwort schon inklu-

sive: Natürlich nicht. Mir hat es wahrlich auch nicht geschadet, denn niemals im späteren Leben hab ich gegen wen auch immer mit brachialer Gewalt versucht zu argumentieren. Ist mir in ganz jungen Jahren für immer und erfolgreich eingebläut worden.

Folgendes muss aber ausdrücklich notiert werden: Einen schwerserziehbaren Sohn wie mich hätte ich nicht um alles in der Welt haben wollen, denn es wäre eines unschönen Tages auf meine Einlieferung in den Bau 21, die Nürnberger Irrenanstalt (hat es damals geheißen, sehr blumiger Name für eine grauenhafte Institution) hinausgelaufen. Schamhaft, aber (für mich untypisch) tapfer muss ich es verbildlichen. Zum Beispiel mit dem zweirädrigen Karren vom Kinderschleuderer Remshart. Dieses wunderbarste aller Fahrzeuge haben wir eines Spätsommernachmittags aus dem Schuppen gewuchtet, der Wulf Weidner und ich, zunächst als Leihgabe gedacht, und haben Pferdefuhrwerkerlens gespielt. Einmal war der Wulf das Pferd an der Deichsel und ich hab stolz und Ben-Hur-artig auf dem Karren gethront, mit Hü und Hott den Fantasiegaul die Blütenstraße nauf und nunter gejagt, dann wieder umgekehrt: ich das Pferd, der Wulf der Ben Hur. So lang, bis uns ein fremder Mann gefragt hat, ob das für ihn scheint's sehr praktische, begehrenswerte Kampfgefährt da uns gehört. Wohlwissend, dass es dem Remshart gehört, haben wir geantwortet: Ja, klar, is unser Karren. Ob wir ihm den Wagen verkaufen? Und hat dabei mit einem Geldschein gewedelt.

So Sachen wie Unrechtsbewusstsein, Lüge, Diebstahl, Sünde, Gewissen und so weiter – meinst g'wiss, die existieren im Wortschatz von einem Ben Hur oder gar einem Pferd? So schnell schaust nicht, sind wir drei wieder auseinandergegangen. Der eine mit einem gerade erworbenen Transportkarren davoneilend, die zwei anderen, also wir, mit einem kleinen buntbedruckten Geldschein. Womöglich hat es sich, wie später vermutet, um

ein amerikanisches Besatzungsgeld gehandelt. Das Frollein (so haben damals jüngere, aber durchaus auch ältere ledige Frauen oder Wirtshauskellnerinnen oder Lehrerinnen geheißen), das Frollein also an der Kasse vom erstmals wieder geöffneten Tiergarten hat es ganz schnell und sehr zufriedenen Blickes kassiert, Wechselgeld zurück null, aber dafür erster Tiergartenbesuch. Ob in dem ja auch von Bombardierungen heimgesuchten Tiergarten überhaupt einigermaßen lebendige Tiere eingesperrt waren, und wenn ja, welche, weiß ich nicht mehr. Von den Bombardierungen unserer insgesamt zwei Köpfe, vier Wangen und vier Arschbacken weiß ich dafür umso genauer Bescheid: Am Ende unseres Ausfluges sind wir in der Schmausenbuckstraße von unseren zwei geplagten wie tatkräftigen Müttern in Empfang genommen und ohne jegliche Anhörung oder Verhandlung sofort standrechtlich abgewatscht, versohlt und abgekopfnusst worden. Fragte man mich heute, ob zu Recht, würde ich schon eine Antwort wissen, aber es hat mich bisher noch nie jemand befragt.

○○○

Einstein und die Gaslaterne

Für Philosophen, Religionswissenschaftler oder etwaige Chronologieforscher ist auch interessant, wie ich im zarten Alter von vielleicht sechs Lebensjahren bereits in die Tiefen der Zeitmanipulation vorgedrungen bin. Mit der Angelegenheit »Zeit« ist es ja zwischen unserer Erde und dem Rest-Universum ein großes Geheimnis. Ist schon bei dem Begriff »Langeweile« klar ersichtlich. Hockst bis in die Zehenspitzen gelangweilt und solo am Randstein, weit und breit kein Mitindianer deines Stammes in Sicht, kein Stein bei der Hand zum Festigkeitstest einer Fensterscheibe,

kein Gegner für ein Radrennen um den Stock, keine Hiidschn (deutsch: Fußball mit lediglich lasch aufgeblasener Seele), also praktisch Stillstand der Welt – da bildet die Maßeinheit einer Stunde beileibe keine sechzig Minuten, sondern die vom Kopf-haarausreißer und Katechet Roth häufig erwähnte Ewigkeit. Die vom Roth in Aussicht gestellte Ewigkeit mag für Nicht-Indianer was Schönes, Erhabenes, ja Erstrebenswertes sein – für uns war sie ein herzzerreißendes Grauen. Und andererseits: Sobald die Mutter aus dem Küchenfenster heraussignalisiert hat »Wenn die Latern brennen, bist dahamm!«, dann ist jene mit fünf oder sechs Stammesmitgliedern verbrachte Stunde, die es bis zum Aufleuchten der Gaslaterne in der Farnstraße noch gedauert hat, vergangen wie einige ganz wenige wertvollste Sekunden. Weiß auch der Albert Einstein und hat dafür den Nobelpreis erhalten.

Was der Erforscher der Relativitätstheorie nicht gewusst hat: Wie man die Zeit wieder auf einen vernünftigen gemeinsamen Nenner bringt. Und zwar ganz einfach, indem man beim ersten Aufglimmen des Gaslichts, dem Signal für die sofortige Heim-kehr, von der Theorie in die Praxis übergeht. Da hat es damals, wie die Erforschung der Welt durch Kinder noch möglich war, zwei komplett zielführende Wege gegeben: Erstens auf die Gas-laterne hinaufklettern, an einem der beiden dort befindlichen Drahtringe ziehen, schon ist das Gaslicht erloschen. Oder zwei-tens und weniger anstrengend einen Stein ergreifen, sorgfältigst auf die Laternenspitze zielen – gleiches Resultat, Glasschep-pern, Licht aus. Und ich habe der Mutter gegenüber argumen-tieren können: »Die Latern brenner fei nunni. Ich bleib nu aff der Schdrass, gell.« Insgesamt hat meine Nivellierung der Zeit nur ein Mal funktioniert, und auch da ohne das erwünschte Ergeb-nis. Erst hat mir der jeden Abend zur Laternenkontrolle mit dem Motorrad durch die Straßen fahrende Gasmann links und rechts

eine gebrettert, anschließend die Mutter. Hat in jedem Fall besser gebrannt als alle Gaslaternen im Viertel. Seitdem nehm ich die Zeit, wie sie kommt und wie sie nach Verrichtung einiger Obliegenheiten wieder geht. Das walte Einstein.

○○○

Der kleine allerhöchste Fußballkünstler

Jetzt hätt ich vor lauter Begeisterung über mein Avancement zum Backpfeifen-Präsident des Farn-, Blüten-, Eichen-, Tiefäcker- und Schmausenbuckstraßen-Viertels beinah den Morlock vergessen, wo ich ihn doch mein Leben lang nicht vergessen werde. Sein begeisterter Nazi-Jurist und Biograf, der Dr. Sowieso, hat ihn stets gern und anwanzend »Maxl« genannt. Ich schreib es mit Gänsefüßchen vorn und hinten hin, weil mir Gänsefüßchen schon immer ein Greul gewesen sind. Kein Mensch in Nürnberg und kein Kind hat den Morlock jemals zum »Maxl« verkleinert. Er war der Morlock, der Herr Morlock oder der Max. Letztere Vertraulichkeit in der Anrede ein maximales Privileg, welches mir eines Abends im alten Club-Haus zuteil geworden ist. Schreib ich dann später noch hin, und zwar in fetten Großbuchstaben, wie einen in Erfüllung gegangenen Weihnachtswunschtraum. Weil, das musst dir nuntergehen lassen wie Öl: Wie ich mit einer teilweise holzwollegefüllten Schultüte an einem folgenschweren Septembertag des Jahres 1948, Hand in Hand mit der Mutter, die Thusnelda-Volksschule in Mögeldorf betreten hab müssen dürfen – da war der Herr Morlock bereits der beste Fußballbeherrscher beim Club und zum ersten Mal Deutscher Meister. Musst dir vorstellen, ohne Laptop-Trainer, ohne flache Raute, asymmetrische Mysterienkrämpf und so wei-

ter und so überflüssig ist der Herr Morlock, wie er noch der König Max I. im Bereich Schlossstraßenfußball war, erst zu Zabo Eintracht gegangen, dann zum 1. FC Nürnberg, dann war er mit sechzehn Jahren Stammspieler in der allerersten Männermannschaft beim Club und dann, am 8. August zusammen mit den Herren Schaffer, Übelein I, Knoll, Bergner, Kennemann, Gebhardt, Herbolsheimer, Pöschl, Winterstein und Hagen Deutscher Fußballmeister 1948.

Wie er die allerhöchste Fußballkunst wöchentlich einmal zustande gebracht hat, hab ich später im Alten Zabo, dem einstigen Herz des Club, auf unserem Stammstehplatz neben dem Gefallenendenkmal auf das Genaueste studiert: mit der Sporttasche in der Hand von daheim zu Fuß ins Vereinsheim, Besprechung zum Taktikthema »Flach schbilln, hoch gwinner«, vom letzten Seidla an der Theke direkt in die Kabine, Hineinschlüpfen in 1. ein weinrotes Trikot, 2. in eine bleiche, ursprünglich schwarze Hose, 3. in hauptsächlich schwarze, oben rotweiß geränderte Stutzen und 4. in die von der Böhms Mutter frisch gewienerten, von Adolf Dassler händisch hergestellten Fußballstiefel. Dann Betreten des Spielfeldes, Anstoß, Ball mit allen regelkonformen Körperteilen gut abdecken, Hintern naus, beim Hochhupfen die Sprungfeder in der Hose auf zwei Meter fuchzich einstellen, ganz hinten, ganz vorn, in der Mitte, links, rechts, oben, unten auftauchen, in die Gasse spielen, Schwanzn, dass nicht wenige Verteidiger sich mit schwerem Drehwurmbefall vorübergehend krank melden, frei stellen, mit dem Ruf »Schau mi oo, Schorsch!« ein Zuspiel dringlich erwarten, Tore schießen, sich auskennen mit den zwei Funktionen vom Kopf – erstens Köpfen, zweitens Denken –, Spaß haben. So wie Fußballspielen halt geht. Oder gehen sollte.

Später, wie wir dann schon regelmäßig in *den* Zabo (grammatikalisch komplett verkehrt, umgangssprachlich voll korrekt)

gepilgert sind – da war der beste Schwanzkistnkönig, noch vorm mannschaftsdienlichen Morlock, zweifellos der Schobers Gustl. Was der einmal mit den Tribünenzuschauern vollführt hat – heute Höchststrafe, lebenslange Sperre vom Mafia-Verband, mindestens. Damals: Zuspiel vom Schaffer, Ball butterweich gestoppt, sehnsüchtig auf einen Gegenspieler gewartet, denselben voll ins Leere laufen lassen, gewartet, bis der andere sich vom soundsovielten Schleudergang wieder einigermaßen erholt hat, noch einmal g'schwanzt und noch einmal und noch einmal. Bis er an den verbissenen Zweikämpfer den Ball verloren hat, und dann die Quittung: minutenlanges Pfeifkonzert von der Tribüne. Zurückpfeifen hat der Schober nicht geschafft, weil ihm die Luft ausgegangen ist. Vielmehr ist er in aller zur Verfügung stehenden Ruhe an die Aschenbahn, direkt vor die Tribüne spaziert, hat sich umgedreht, Hose runter und dem hochverachteten Publikum den nackertn Arsch hingereckt. Wahrscheinlich, ist aber nicht verbrieft, war die Atemnot vom Schober da schon wieder vorbei, und er hat mit der fußballsprichwörtlich zweiten Luft fröhlich gepfiffen *Der Mond ist aufgegangen*. So weit der zeitliche Vorgriff betreffs Schwanzkistnkönig.

○○○

Im Vorhof der Hölle

Jetzt aber das misslichste Vorkommnis in einem Kinderleben überhaupt: September 1948 an der Hand der Mutter zehnminütiger Fußweg Tiefäckerstraße, Blütenstraße, sogenannter Schwarzer Weg, weil mit Kohleschlacken belegt, Bahnübergang und dann in die Thusnelda-Volksschule, in das – wie sich Jahre später herausgestellt hat – von Dr. Martin Luther persönlich er-

fundene Purgatorium, in den Vorhof der Hölle. Damals jedenfalls. Erst merkst du das Höllische überhaupt nicht, weil sie es
dir mit der schon erwähnten Schultüte versüßen und verheim-
lichen. Schon ein schönes Gebäude, die Thusnelda-Schule, von
der sich nicht nur die Gemahlin Thusnelda des vermeintlich
großartigen cheruskischen Heerführers Arminius herleitet, sondern später auch die Tussi, die bei uns mit weichem »D« gesprochen wird. Germanisch oder Cheruskisch oder Lutherisch – das
ist uns Erstklässlern, genannt ABC-Schützen, zu Recht voll an
jenem Körperteil vorbeigegangen, mit dem der Gustl Schober demonstriert hat, was er von jenen auf seine Dribblkünste
pfeifenden Zuschauern hält. Und dass das Schulgebäude gleich
gegenüber der katholischen Kirche auf der Westseite eher einen großen Schutthaufen dargestellt hat, war uns auch wurscht.
Erstens sind uns Ruinen viele Jahre lang sehr vertraute Spiel-
plätze gewesen, und zweitens ist der viele Jahrzehnte später
hingepfuschte Wiederaufbau des Westflügels dem Architekten,
falls das wirklich ein solcher geplant hat, womöglich im fortge-
schrittenen *delirium tremens* eingefallen. Zunächst also alles ganz
schön, und mit Abstand am schönsten das Frollein Roth. Dass
das damals Frollein oder Fräulein geheißen hat – dafür kann ich
ebenso wenig wie für die Wörter Ami, Zupfer, Neger, Thusnelda, Negernussbutter. Zu Letzterer, der Erdnussbutter, nur noch
schnell der Einschub in der Angelegenheit »Magenknurren und
Hunger«.

Ich seh zum Beispiel noch die sehr selten fröhliche oder gar
gradnaus lachende Seltmanns-Oma vor mir, wie sie grimmig ein
Viertelpfund (125 Gramm) Butter mittels Küchenmesserstriche-
lung in sieben Wochentage aufteilt, also ungefähr 17 Gramm
Butter pro Tag für die ganze Familie, wenn mich meine Volks-
schulkenntnisse nicht trügen, was aber leicht vorkommt. Oder

ich seh auch die Mutter beim Seufzer über unseren Lebensmittelmarkenkarten. Und eines zunächst eher schönen, später dann sehr unschönen Nachmittags entdeck ich in der Speis (ein großes Loch in der Küchenwand mit Lüftungsschlitz nach außen und Gott sei Dank nicht absperrbarer Tür vorn dran): ein volles, noch ungeöffnetes Glas mit original amerikanischer Erdnussbutter. Womöglich von mir persönlich beschafft. Magenknurrend und hungrig hab ich den Deckel abgeschraubt und einen Finger voll probiert. In der festen Überzeugung, dass man den Mundraub nicht merkt. Dann noch einen Finger voll und noch einen und noch einen und wenn du meinst, ein schlechtes Gewissen ist stärker als ein Hunger, dann liest was von Bert Brecht und weißt sodann, dass es nicht stimmt. Und noch einen Finger voll und noch einen und dann keinen mehr, weil das Glas leer gewesen ist. Und wenn dann die Mutter heimkommt und in ihrem scheint's angeborenen Argwohn als Allererstes die Speis und ein vollkommen leergefingertes Erdnussbutterglas inspiziert, dann kriegst links und rechts und rechts und links solche Schelln, dass du meinst, an diesem Tag hat das schöne Wort Brobbellerfodzn zum ersten Mal das Licht der Welt erblickt. Was ich mir nach erfolgter Höchststrafe gedacht hab? Wahrscheinlich hab ich mir gedacht: Die Drümmer Schelln können noch so drümmerhaft sein – ein leeres Erdnussbutterglas wird davon auch nicht wieder voll. Und wenigstens bin ich in den Genuss einer lebensmittelmarkenfreien Fettration amerikanischer Herkunft gekommen, von der andere nur träumen haben können. Oder: Erst kommt das Fressen, dann die Moral.

○○○

Was jetzt aber das Fräulein Roth betrifft – wir sind bei ihr ungefähr zu fünfzigst aufmarschiert vor dieser altgermanischen Trutzburg von Thusneldaschule wie die Kindersoldaten: ängstlicher Blick geradeaus ins Nichts, beziehungsweise in ein Kameraobjektiv, aus dem damals auf Lockruf des Fotografen immer ein Vögelchen rausgekommen ist, Hände wehrmachtzackig an die Lederhosennaht, Füße entweder barfers (deutsch: barfuß) oder in Hulzglabberer (deutsch: Holzklapperer) steckend. Wer das Wort »ABC-Schützen« erfunden hat oder es gar heute noch benützt, dem sollte man auch einmal analog zum Katechet Roth die Löffel lang ziehen. Sie scheinen nämlich der Einschalthebel fürs Hirn zu sein. Obwohl gleicher Nachname – Verwandtschaftsgrade zwischen dem Katechet und dem Frollein Lehrer haben wahrhaftig nicht bestanden. Weil Folgendes: Den Roth hab ich gefürchtet wie den Nachtgieger, die Roth hingegen hat uns in sanftesten Lehrmethoden beigebracht, wie man auf Schiefertafeln und mit Griffeln Spazierstecken mit schönen Rundungen hinkratzt, um aus diesen Spazierstecken dann Buchstaben zu bilden, aus den Buchstaben Wörter, aus den Wörtern ganze Sätze. Wenn nicht sogar Aufsätze. Oft fünf Schreibheftzeilen lang, nicht selten vollkommen fehlerfrei – zum Beispiel jener Aufsatz mit dem sowieso unerschöpflichen Thema »Der Maikäfer«, wo ich hingekrakelt hab: »Der Maikäfer ist in der Erde gewachsen. Im Mai bohrt er sich heraus und freut sich wie er fliegen kann. Die Blätter schmecken ihm recht gut.« Ende der fein- wie tiefsinnigen Betrachtung. Musst dir dabei denken, dass ich ein Jahr vorher, in umfassender Unkenntnis der Existenz einer Orthografie, noch folgende Wörter in ein Malheft hineingedichtet hab: »Fferd eschbil.« Als Bildunterzeile eines Gemäldes mit dem von

einem Kind gezogenen Leiterwagen. »Fferd eschbil« hat also eindeutig »Pferdespiel« heißen sollen. Und die Abbildung einer Dreisamkeit von Fliegenpilz, Tanzmaus und einem voll hinauszwitschernden Vogel hab ich so beschriftet: »Bilz und ein Fokel und Maus.« Ohne die große Geduld des Fräulein Roth hätt ich vielleicht heut noch, orthografisch gesehen, einen Follfokel. Inklusive Vusbilz vielleicht sogar.

Erotische Schilderungen, etwa Hinschreibungen von maikäferschwarmartigen Vorkommnissen in der Magengegend, sind meine Sache nicht. Deswegen in der Angelegenheit Fräulein Roth nur so viel und keinesfalls zum Weitererzählen: Ich glaub, ich war in sie verliebt. Also zunächst noch das Gegenteil von Hölle, aber auch nicht ganz der Himmel, denn zum Erleben eines Himmels auf Erden gehören meistens zwei.

Spätere Lehrer und Lehrerinnen haben es betreffs meiner Maikäferschwärme im Bauch nicht weit gebracht, von ihnen war ich am meisten entzückt, wenn ich sie nicht gesehen hab. Dem gerade erwähnten Nachtgieger sind auf pädagogischen Hochschulen, falls es solche damals gegeben hat, vermutlich sehr viele Seminare gewidmet worden. In der dritten und vierten Klasse beim Lehrer Kastner ist er häufig erwähnt worden, auch in Ermahnungen der Großmutter und vieler anderer Erwachsener hat er eine wesentliche Rolle gespielt. Das Wort »Gieger« hat jedes Kind gekannt, das daheim als Oberbefehlshaber vom Hühnerstall eingeteilt war. Der Gieger – der Chefbesteiger der Hühner, ein mitunter unheimliches und nicht selten aggressives Viech. Und noch unheimlicher der Nachtgieger. Hättest einmal ungefähr im Herbst am Rand vom Großbauern Holweg seinen Wiesen und Kartoffeläckern die Dämmerung erleben sollen: Schon ein bisschen Nebelgewaber, zwielichtige Gestalten am Himmel weit

hinter Gleißhammer, aufs Gemüt drückende Stille, bleischwer das schlechte Gewissen wegen schon wieder verspäteter Heimkunft, und zusammen mit der nahezu greifbaren Finsternis fällt dir genau in dem letzten Augenblick auf die hinter Gleißhammer versinkende Welt der mit in die vermeintliche Freiheit verordnete Satz ein: »Wennsd nedd rechdzeidich hammkummsd, hulldi der Nachdgieger!« Könnt sein, dass ich fast schon konfirmiert war, wie ich nicht mehr an den kinderverschleppenden Nachtgieger geglaubt hab. Das Fräulein Roth ist ungefähr das Gegenteil vom Nachtgieger gewesen: ganz ohne Krallen, kein wild verzauseltes Gefieder, ohne den bösen Blick, keine Kinderfeindin, sondern ganz im Gegenteil. Wär nicht verkehrt gewesen, meine späteren Lehrer und Leerer hätten bei ihr, dem dezent parfümierten und sehr schönen Fräulein Roth, zehn Semester gebucht zum Thema »Wie gehe ich mit hoffnungslosen und stinkfaulen Schülern um«. Weil: Bis du dann endlich dahinterkommst, dass Lernen, Wissen und Bildung unter Umständen einen Sinn haben könnten, dann ist es schon zu spät. Oder, um auch einmal den ziemlich abgenudelten Volksmund zu Wort kommen zu lassen: Was das Hänschen nicht lernt, lernt der Hans nimmermehr. Da hat er, der Volksmund, höchstwahrscheinlich recht. Obwohl ich zu bedenken geben möchte, dass faule Schüler auch Menschen sind.

Immerhin: lesen, halbwegs unfallfrei Sätze hinschreiben und das kleine Einmaleins hab ich gelernt. Und abziehen und zusammenzählen auch. Für uns Deppen langt es zum Leben. Was wir zwei Jahre später beim Lehrer Kastner zusätzlich gelernt haben: Wenn man brav ist und nicht schwätzt, kommt man in den Genuss eines ziemlich krächzenden Violinkonzerts; und wenn man nicht brav ist und dauernd mit dem Nachbarn geheime Flüsterbotschaften austauscht, gibt es zwei Möglichkeiten – entweder, im milderen

Fall, Hiebe auf die Hand mit dem Haselnussstecken, im schwereren Fall mit dem deutlich besser zündenden Rohrstock. Bei Zurückziehen der Kinderhand die doppelte Ration an Schlägen. Noch was haben wir beim Lehrer Kastner gelernt – und zwar eine Sachlage, von der später jeder weiß, dass sie hint und vorn nicht stimmt, weil es ohne sie nicht geht: Lügen haben kurze Beine.

Beim Quenzler, wohnhaft im warum auch immer sogenannten Block, hat es für uns alle entsetzlich geendet, weil wir eine Gewalt – einmal andersrum, also vom vermeintlich Schwächeren gegen einen vermeintlich Stärkeren – noch nie erlebt hatten. Der Quenzler – seinen Vornamen hab ich vergessen – ist eines frühsommerlichen Vormittags statt um acht Uhr sehr vergnügt so gegen halb zehn im Klassenzimmer erschienen. Er sei, hat er auf die Befragung vom Lehrer Kastner in aller Ruhe dargelegt, bei der Beerdigung seiner Großmutter gewesen und habe infolgedessen nicht pünktlich zum Unterricht erscheinen können. Der Lehrer Kastner hat sich den Schüler Quenzler lang von unten bis oben, von vorn bis hinten betrachtet, auf seinem Rücken einige Grashalme entdeckt und ihn sodann gefragt, ob er vielleicht während der Beerdigungsfeier seiner Großmutter zum sehr erstaunlichen Zeitpunkt früh um acht im Wiesengrund an der Pegnitz auf dem Rücken gelegen und in den Himmel geblickt habe. Und bevor der Quenzler auch nur mit dem Hauch einer Verwicklung in weitere nicht sehr gut erfundene Beerdigungsschilderungen antworten hat können: wie aus heiterem Himmel links und rechts zwei derartige Schelln, dass sich dem Quenzler sein Kopf wie ein Brummkreisel vorgekommen sein muss. Der letzte Schellneinschlag war noch nicht verklungen – da hat der für sein Alter übergroße Quenzler seinerseits aufgezogen und dem Lehrer Kastner eine gelangt, zielsicher und handgranatenmäßig, dass es uns durch Mark und Bein gegangen ist. Was Sekunden

später, nach der mutmaßlich ersten Züchtigung eines Lehrers durch einen Viertklässler passiert ist, ahnst du nicht: Wortlos ist der Lehrer Kastner zum Katheder geschritten und hat den Mückenhaupt in der ersten Bankreihe gefragt, was sieben mal neun ist. Oder so ähnlich. Wie wenn nicht der Hauch eines epochalen Ereignisses passiert wär. Von weiteren Vorkommnissen zwischen dem Lehrer Kastner und dem Schüler Quenzler weiß ich nix, denn kurze Zeit später hab ich zusammen mit dem drei Häuser weiter wohnenden Gerhard Prechtel die Aufnahmeprüfung ins Realgymnasium bestanden. Ausgestattet mit dem Wissen, wie man aus Buchstaben Wörter bildet und aus Wörtern Sätze, wie man Zahlen addiert, subtrahiert, multipliziert und dividiert. In Tateinheit mit einer sich mehr und mehr entfernenden Sehnsucht nach dem Frollein Roth. Recht viel mehr ist in meinen Kopf und in meine möglicherweise in mir schwebende Seele nicht hineingegangen.

Ganz anders war es mit meinen zwei Beinen inklusive der fast noch wichtigeren Füße. Wer es bei uns eruiert hat, dass man mit seinen Beinen und unten dran den Füßen noch mehr machen kann, als mit ihnen barfuß über Stoppelfelder wetzen, kleine Löcher, Luggersn genannt, zum Schussern in den nicht gepflasterten Gehsteig stampfen, bei Unbotmäßigkeiten aller Art davonrennen oder sattelpolierend die Pedale vom Vater seiner antiken Hercules treten, sondern auch einen Ball in Höchstgeschwindigkeit versetzen, wer also unser Ein und Alles, den Mögeldorfer Flachpass, erfunden hat, weiß ich nicht mehr. Er oder sie seien jedenfalls gebenedeit für immerdar.

○ ○ ○

Der Nationalspieler und seine Tochter

Er oder sie schreib ich jetzt nicht wegen der selten doofen Genderei hin, sondern weil es möglicherweise ein keinesfalls unholdes weibliches Wesen gewesen sein könnte, das uns in das ganz große und wichtigste Einmaleins des Lebens eingeführt hat: die Ursel Fiederer, beste Fußballspielerin weit und breit, mit dem unschätzbaren Vorteil behaftet, dass sie auf sehr gute Gene zurückgreifen hat können. Ich sag nur: Hans Fiederer. Jener Fiederer, der in Fürth auf die Welt gekommen ist, später für Fürth Tore wie am Fließband geschossen hat und für die Spielvereinigung Fürth in die Nationalmannschaft berufen worden ist. Und der dann, weil ihm im Krieg eine Handgranate ein Bein zerfetzt hat, notgedrungen und vielleicht auch dem Talent gehorchend Reporter geworden ist, in den Fünfzigerjahren Chefredakteur des *Sport Magazins* in Nürnberg. Musst dir unbedingt vor Augen führen, was ein durch und durch originaler Fürther, nämlich der Fiederer, im Juni 1961 über einen durch und durch originalen Nürnberger, nämlich über den Morlock, extrem blumig in sein *Sport Magazin* hineingeschrieben hat. Aus Anlass der achten deutschen Meisterschaft im Stadion von Hannover beim Endspiel gegen Dortmund, in dem beim 1. FC Nürnberg acht von elf Spielern aus der eigenen Jugend 3:0 gewonnen haben, und weil es sich schon allein aus Gründen der Geringstschätzung und Verachtung des heutigen Menschenhandels und der ihm innewohnenden Mafia-Machenschaften gehört, dass man sie wieder einmal der Reihe nach aufschreibt, hier also die sogenannten Eigengewächse: Hilpert, Reisch, Wenauer, Flachenecker, Morlock, Strehl, Haseneder, Wild. Und über sie und vor allem den Morlock hat der Fiederer folgendermaßen gedichtet: »Hannover wurde zum Triumph der Nürnberger

Jugend, zur Krönung der einmaligen Laufbahn Max Morlocks. Max Morlock, das Musterbeispiel eines Sportlers, eines Spielführers, eines Menschen, den selbst jetzt zwei deutsche Meisterschaften, die Weltmeisterschaft 1954 in der Schweiz, achthundert Spiele für seinen Club und zwanzig Jahre aktive Zeit in der 1. Liga-Mannschaft nicht den Kopf verdrehen können. Es mag im Rausch des Glücks übertrieben, vermessen klingen: Diesem Max Morlock sollte man in Zabo ein Denkmal setzen.« Stell dir vor: Hat ein Fürther über einen Nürnberger geschrieben. Müsste das ein Nordkurven-Hirnheiner mit seiner Anti-Fü-Mütze am Kopf und wenig bis nix drunter lesen – nach zwei Zeilen stellte er die Lektüre mit einem Da-leckst-mich-doch-am-Arsch-Seufzer sofort ein, weil es ihm vor lauter Landes- oder Stadtverrat speiübel wird. Mir gefallen diese Sätze vom Fiederer sehr gut, vor allem die Nürnberg-Fürther Brüderlichkeit. Die Schwesterlichkeiten nicht zu vergessen. Ist es also ein Wunder, wenn du die Tochter von diesem Hans Fiederer bist, dass du dann durchaus viel Gutes im Kopf hast und im Gemüt, nicht zuletzt den Fußball in seiner inzwischen verblichenen Fröhlichkeit und (schreib ich jetzt einfach einmal hin) Reinheit? Ob die Ursel Fiederer so schön war wie das Fräulein Roth? Kann schon sein, aber es hat uns ungefähr so brennend interessiert wie das große und kleine Einmaleins. Wichtigst war: Die Fiederer hat mit dem Ball umgehen können, war pfeilschnell und infolgedessen immer anspielbar, und auf den Mund war sie auch nicht gefallen.

○○○

Jetzt musst du dir vorstellen, du stehst an dem Eck, wo die Farn-straße in die Tiefäckerstraße mündet, also gleich neben meinem Elternhaus, wo du heutzutage keinen Horizont siehst, sondern ein Haus nach dem andern, weiter weg sogar einen Business Tower. Dann schließt du die Augen, schaust in dich hinein und siehst: einen kleinen Wald, die zwei Bombentrichter, einen Trampel-pfad durch den Bauern Holweg seine große Wiese, dahinter ei-nen Kartoffelacker, und wieder dahinter die Rumpelkammer von einem Alteisenhändler, links davon, also ungefähr nördlich, fünf bis sechs Gmüsgärten, drei Baracken. Die drei Bruchbuden waren bewohnt. Eine vom Kleinbauern Städtler, eine vom Motorradbe-sitzer Lobewein, eine von der Frau Brückner, die vom Kleinhandel mit gerupften Gänsen, Enten und Hühnern ihren Lebensunterhalt gefristet hat. Von größter Bedeutung ist die Wiese vom Holweg gewesen, die aber unter Umständen auch dem Bauer Prottengei-er oder dem Bauer Friedrich gehört haben könnte. Der Protten-geier, der Friedrich und der Holweg, alle drei mit ihren schönen Fachwerkgehöften und Stadeln und Ziegeldächern mitten in Mögeldorf, und die *BayWa* und der Gastwirt Memmert mit sei-nem Volksgarten und der Drogist Schlenk und der Friseurmeister Schreitmüller mit seiner allerschönsten und allerunerreichbarsten Tochter Monika und der Metzger Gottschalk und die Emma Bin-der mit ihrem Papierwaren-Bretterhäuschen inklusive Tom-Prox-Leihbücherei und der Elektriker Hüttinger und der Doktorshof und wieder ein paar Bombentrichter gleich neben dem Kirchweih-platz – heut möchtest den Architekturschrott, den sie in den Sech-zigerjahren nach der Heimsuchung aller verfügbaren Bagger dort hingebflaadschd haben, Tag und Nacht beweinen. In der Hoff-nung, dass mit der Bewässerung durch deine Tränen dann wieder

was Anschau- und Belebbares wächst. Aber da kannst lang weinen. Tränen sind ja salzhaltig, da wächst nix mehr. Ich vermute, den Mögeldorf-Verplanern muss in jungen Jahren irgendein Chirurgen-Stift den Kopf wegoperiert und statt seiner eine Abrissbirne implantiert haben. Anders kann ich mir die Entstehung der Mögeldorfer Extremhässlichkeit und Flachdachwüste nicht erklären.

Vorläufiges Ende der Ausschweifung, du sollst dir ja die Wiese vom Bauer Holweg vorstellen. Nicht mit den Augen, sondern mit dem vergangenheitsfähigen Herzen. Nur noch g'schwind eine erneute Abschweifung, wegen der Vergangenheit, also Zeit. Wenn früher wirklich alles besser gewesen sein soll, gilt das dann auch für die frühere Zeit zwischen den Jahren 1933 und 1945? Wenn wer wirklich meint, dass ja, dann soll er sich diese zwölf respektive tausend Jahre ans Bein schmieren oder sich der Wehrsportgruppe Hoffmann, wohnhaft in Ermreuth, anschließen oder der AfD oder der Teutschen Querdenkerei oder dem NSU oder sonst irgendeinem voll verblödeten Verklärungstrupp. Ansonsten möge der unwiderlegbare Satz gelten: Früher war alles früher. Und schön waren früher auch manche Angelegenheiten. Siehe Jean Paul und sein Paradies. Unser Paradies hat drei überschaubare Areale umfasst: das Planquadrat aus Blüten-, Eichen-, Tiefäcker- und Farnstraße, genannt der »Stock«, die Holweg-Wiesen und -Äcker und das »Wäldla« genannte Eichenwäldlein mit vielen, gut bekletterbaren Eichen sowie den zwei Bombentrichtern. Das alles und noch dazu der Schmausenbuck, der Tiergarten, die Pegnitzwiesen und das alte Club-Bad in Zabo haben uns gehört. Warum wir der Zerstörung so vieler Kostbarkeiten wort- und widerstandslos zugeschaut haben? Was weiß denn ich. Das dem Menschen scheint's innewohnende Naturgesetz wird es halt gewesen sein: Wachstum. Oder auch Wachsdumm.

6 LAGERLEBEN

In wessen Besitz sich der erste womöglich vom Sattler handgefer-
tigte Lederfußball mit Seele, Schnerbfl und Naht befunden hat,
weiß ich nicht mehr genau. Vermutet wird, dass ihn der Schmitts
Bember, nämlich der Peter Schmitt vom Ginsterweg, mehr oder
weniger zur Verfügung gestellt hat. Das *weniger* hat für den Fall
gegolten, dass er drei Mal hintereinander schwindlig geschwanzt
worden ist oder kein Tor geschossen hat oder aus Versehen doch
ein Tor geschossen hat, es aber nicht anerkannt worden ist. Dann
hat der Bember sich seinen Ball geschnappt und ist mit den Worten »Edz könnt ihr mit der Luft Tore schießn« heimgegangen. Mit
ihm ist bis zum nächsten Tag nicht nur ein Fußball verschwunden, sondern auch ein richtiger Fußballspieler, wenn auch kein
morlockartiger. Der Peter Schmitt hat nämlich bereits in einer
Schülermannschaft des 1. FC Nürnberg seine Kreise gezogen und
ist infolgedessen stets mit Club-Stutzen, Club-Hose und Club-
Trikot auf der Holweg-Wiese erschienen. Ob es die hin und wieder ein bisschen arg steil nach oben gerichtete Nase war oder die in
reinster Ehrfurcht gegründete Angst vor dem kompletten Club-
Dress oder aber die Geografie – zu unserem kleinen Planquadrat
hat der Bember nicht so richtig gehört. Aber, erhaben über jegliche Grenzziehung: Der Peter Schmitt war halt Lederballbesitzer,
wenn auch ein ziemlich eigenwilliger. Und noch dazu der Neffe
vom Nürnberger Mittelstürmer Seppl Schmitt. Und Bewohner einer villenartigen Behausung (mit Dienstmädchen) am erwähnten,
keine fünfhundert Meter entfernten Ginsterweg. Und zu allem
Überfluss haben sein Vater Fritz Schmitt und der Mittelstürmer

Seppl Schmitt in Gostenhof einen Zigarren- und Zigarettenhandel betrieben. Auch wichtig, weil nach dem Erlernen brisanter Spielzüge hat bei uns bald das Einstudieren tief gründender Lungenzüge eine nicht ganz unwesentliche Rolle gespielt. Ob dabei das Warenlager der Gebrüder Schmitt wirklich unentbehrlich war für den Nikotin-Nachschub – kann sein, kann auch nicht sein. Weil schließlich hat es ja für die Erfüllung unserer dringlichsten Wünsche – Zigaretten der Marken *Mokri, Salem No. 6, Zuban* und so weiter, Eistörtchen, das Stück zu zwei Pfennig, *Micky-Maus*-Heftla, *Tom Prox*, *Akim*, *Pete*-Bücher und viele andere Lebenselixiere – die ebenfalls weltberühmte Frau Gottlieb gegeben, die wirklich so geheißen und, in Zabo wohnhaft, einen wunderbaren Kiosk an der Schmausenbuckstraße, direkt neben dem Polizeirevier, gehabt hat. Und zusätzlich noch ein Herz für schlimme Kinder.

Wer heimlich im Portemonnaie der Mutter oder wo auch immer fündig geworden ist, hat den Auftrag erhalten: Gehst vor zur Gottlieb, verlangst drei *Salem No. 6*, wenn's fragt für wen, sagst für deinen Vater und dann Treffpunkt Loochala.

Letzteres Wort bedarf einer Erklärung. Nämlich handelt es sich bei »Loochala« um den Diminutiv von »Lager«, wird aber keinesfalls mit dumpfem »o« wie »Loochala« ausgesprochen, sondern vielmehr mit dumpfem »a« wie in der dänischen, norwegischen, schwedischen und ungarischen Sprache, wo sich auf dem »a« dann manchmal noch ein kleiner Kreis befindet. Ich bin inzwischen zwar auch ein kleiner Greis (mit G), verfüge über ihn jedoch nicht auf meiner Tastatur. Also »Loochala« oder aber »Laachala« und sich zwei kleine Kreise dazudenken und -sprechen. Zweite Erklärung zum Wort »Loochala«: Dass es von der Verkleinerungsform auch eine Vergrößerung, eine beispiellose Monstrosität in unserer sehr nahen Vergangenheit gegeben

hat, wie sie das Substantiv »Konzentrationslager« ausdrückt – da hat zu unserer Zeit im ganzen Viertel, im Elternhaus, in der Volksschule, im Gymnasium das große Schweigen geherrscht. Jahrzehnte später ist mir die allumfassende Sprachlosigkeit mit folgendem Satz erklärt worden: »Wir haben damals andere Sorgen gehabt.« Womöglich ist es heute wieder so weit – dass wir andere Sorgen haben. Morden, ob im Lager oder im Mittelmeer oder irgendwo in Afrika, ist höchstwahrscheinlich menschlich, von Zeit zu Zeit.

Im Spätsommer, gegen Ende der großen Ferien, haben wir unser kleines Lager keinesfalls errichtet, sondern gegraben: Mit dem Spaten aus dem großväterlichen Geräteschuppen, ungefähr zwei mal drei Meter in der Fläche abgesteckt, eins fünfzig tief, beim Kleinbauern Städtler ein großes Blech als Dach gestohlen, die ausgehobenen Grasbatzn zur Tarnung auf dem Blech verlegt – fertig war unser Geheimlager. Ein Lüftungsloch haben wir auch noch freigelegt, damit der Rauch von den drei Stück *Salem No. 6* besser abzieht. Meistens nach zwei Stunden Fußball haben wir eine Friedens-Salem geblescht. Woher das Wort »bleschn« als Synonym für Rauchen stammt, weiß ich nicht mehr. »Schmoken«, ein weiteres Synonym, ist klar: Kommt von den Amis. Mit Abstand bester, weil vermögendster Blescher war der Wulf II, Sohn vom berühmten Stempel-Müller, einem innerstädtischen Geschäft für Stempel, Stempelkissen, Hausnummern-, Klingel-, Namens- und Verbotsschildern und Gravuren aller Art. Als Raucher war ihm eine große Karriere beschieden, denn immer, wenn wir ihn von der Ferne gesichtet haben, sind wir Sekunden später schon um ihn und seine gerade angezündete Zigarette, Marke Stambul, versammelt gewesen und haben ihn angefleht: »Lässd mi aa amol an Schnabber machen?« Praktisch Kommunal-Sargnagel, an dem wir nicht selten reihum zu fünft oder zu sechst ge-

zogen haben, tief hinunter bis zur großen Zehe. Freilungenzüge bilden oft eine langjährige Freundschaft. Aber sein zweiter Versuch, auf Dauer in unserer Bande präsidial zu reüssieren, ist eher in die Hose gegangen. Flachpass, Fallrückzieher, Flatterschüsse mit dem Außenrist – das waren für den Wulf II unentschlüsselbare Geheimnisse. Die Ursel Fiederer hat ihn oft ausgeschwanzt, dass es eine wahre Pracht gewesen ist. Sein Karriereende als Möchtegern-Morlock war absehbar. Eines zunächst unschuldigen Sommernachmittags ist am Rand unseres Fußballplatzes der Herr Müller senior voll majestätisch und feldmarschallmäßig aufgetaucht, und aus seiner bitterlich verzerrten Lautsprecheranlage hat es über die Wiese gescheppert: »Wulf, zieh auf der Stelle diese Kluft aus!« Diese Kluft hat bestanden aus: einer Turnhose, einem nicht mehr ganz weißen Unterhemd, ein Paar skistiefelartigen Schussschuhen. Nach einigen Tagen Hausarrest hat uns der Wulf erzählt, es habe mit einer Turnhosenvernichtung und Schelln geendet. Und sein Vater könne ihn fürderhin am Arsch lecken. Gut, einen Preis als wendiger, mit allen Wassern gewaschener Fußballspieler hätte der Wulf sowieso niemals gemacht. Aber als Mitraucherzentrale war er Weltklasse.

Ebenfalls an einem ursprünglich sehr schönen, lichten Sommernachmittag hat es sich ereignet, dass ich den Heinz Rübsamen, genannt Heinzi, erst drei Mal extrem provokativ aufgeschwanzt und anschließend auch noch stolpern lassen hab, sodass sein weißes Unterhemd von Schafbemberla-(= Schafscheiße-)Streifen durchzogen war. Was den Heinzi in seiner Wut zum Geheimnisverrat getrieben hat: Nie mehr spiele er ab sofort mit mir Fußball, und außerdem begebe er sich jetzt zu meinem nahen Elternhaus und berichte dort, dass ich geraucht habe. Hat der Heinzi wirklich gemacht. Gott sei Dank hat der Geheimagent Heinzi

bei der Übermittlung seiner Botschaft nur die Seltmanns-Oma angetroffen. Folglich sind Drümmer Schelln, Teppichklopfer, Hausarrest dieses Mal ausgefallen. Stattdessen hat mich die Oma gefragt, ob es stimmt, was ihr der Heinzi gerade überbracht hat – dass ich geraucht hab. Und sie will es eigentlich gar nicht so genau wissen. Und: Zwei Dinge seien im Leben außerordentlich verwerflich: erstens, wenn man einen Freund verrät und zweitens, wenn extrem kleine Kinder Zigaretten rauchen. Das eine solle ich mir erst gar nicht angewöhnen, das andere augenblicklich einstellen. Sonst raucht's.

∘∘∘

Der Geisterschuss aus der Silberbüchse

Überhaupt der Heinzi. Reichster Einwohner im ganzen Viertel: großes Haus, großer Garten und großes Planschbecken. Und eines Tages die wunderbarste Kostbarkeit, rot leuchtend, frisch gebacken auf dem Terrassentisch der Rübsamens auf wen auch immer wartend, dass mir sämtliche Gewässer im Mund zusammengelaufen sind: ein leibhaftiger Erdbeerkuchen. Ob ich da ein Stück eventuell in mich hineinstopfen könnte, hab ich den Heinzi gefragt. Ein Hemd hab ich angehabt, eine gut eingesessene Lederhose, genannt Boxn, Wollstrümpfe sowie nagelneue, von der Burgthanner Tante Alma gekaufte Halbschuhe. Was insofern wichtig ist, als der Heinzi mein durchaus untertänigst flehendes Bitteln und Betteln um ein Stück Erdbeerkuchen durchaus gnädigst beantwortet hat: »Wennsd mit deinen Kleidern in das Wasserbecken neihupfst, dann kriegst einen Erdbeerkuchen.« So schnell schaust gar nicht, bin ich mit den nagelneuen Schuhen,

mit Lederhose, Hemd und Strümpfen schon durchs Becken gestrampelt. »Untertauchen auch noch«, hat der Heinzi angeordnet – und schon bin ich untergetaucht. Heut noch schmeck ich den frischen Erdbeerkuchen. Und die Watsch'n, die ich daheim für die nasse und anschließend bockelhart gewordene Lederhose und für die versauten Schuhe kassiert hab. Fußballspielerisch war der Heinzi eine komplette Null, aber Obacht: Beim vornehmsten Verein in ganz Nürnberg, dem NHTC, hat er eine für uns von einem anderen Stern entsandte Sportart beherrscht: Hockey.

Genau gegenüber von der zwar vornehmsten, aber gelegentlich doch nahbaren Hoteliers-, Weinhandel- und Erdbeerkuchenfamilie Rübsamen hat in einem großen Mietshaus im ersten Stock das ziemlich genaue Gegenteil gelebt. Der Eckart Kalt. Ich soll, hat man mir daheim hin und wieder eingeschärft, den womöglich um ein Jahr älteren Eckart möglichst meiden. Wenn man was meiden soll, alte Hacke, meidet man es erst recht nicht, den Eckart Kalt schon gleich gar nicht. Um drei Angelegenheiten hab ich ihn beneidet und bewundert: Beneidet um einen Wimpel, auf dem FDJ eingestickt war und um ein selbst geschnitztes Gewehr mit sorgfältigst in den Kolben eingeschlagenen Nägeln, also Winnetous Silberbüchse, und bewundert dann drittens für seine bedingungslose Selbstlosigkeit. Ob ich, hat er mich gefragt, auch so eine Silberbüchse will, geschenkt? Und vielleicht eine Woche später sind in unserem Viertel zwei Winnetous jeweils schwerbewaffnet auf Patrouille gegangen – der Eckart und ich. Natürlich ist aus dem blechernen Lauf unserer Silberbüchsen niemals echt gefeuert worden, außer in unseren Karl-May-triefenden Hirngespinsten. Dennoch hat mir die Mutter vom Heinzi kaum erfüllbare Bedingungen für weitere Hausbesuche mit eventuellem Erdbeerkuchengenuss gestellt: »Mit dem Gewehr oder zusammen mit dem Eckart kommst du mir nicht ins

Haus.« Arschklar, dann kommst erst recht zusammen mit dem Eckart und mit der Silberbüchse ins Rübsamen-Anwesen. Der Eckart hat aber draußen am Gehsteig warten müssen, während ich mit dem Heinzi im Garten Hockey gespielt und dabei dem zukünftigen NHTC-Starspieler derart mit dem Schläger auf die Finger gedonnert hab, dass der Rübsamen laut schreiend wie auch ein bisschen am Daumen blutend ins Haus gerannt ist. Sekunden später hat mich die Mutter vom Heinzi am Kragen gepackt: »Schau bloß, dass du verschwindst mit deinem Scheiß-G'wehr!« Und schon hat es zweimal gekracht. Einmal bei mir im Gesicht, und zum zweiten Mal, wie die Frau Rübsamen meine Kinder-Silberbüchse zertrümmert hat. Ein paar Tage später hat sich ein Wunder ereignet. Da hat mich die Frau Rübsamen auf so viel Erdbeerkuchenstücke eingeladen, wie ich verdrücken kann, und sich für die Schelln und das Ableben meiner Silberbüchse in aller Form entschuldigt. Sie habe gedacht, ich hätte auf ihren Heinzi mit dem Kindergewehr geschossen. Friede, Freude, Erd-beerkuchen.

Was aber in der Angelegenheit »Silberbüchse« überhaupt nicht entschuldbar ist: meine damalige Lektüre. Bis tief in die Nacht hab ich unter der Zudeck, mit der Taschenlampenbeleuch-tung, nicht nur *Winnetou* gelesen, sondern um ihn gebangt, für ihn gehofft und am Schluss dann auch noch wahrhaftige Tränen vergossen. Nicht ahnend, dass der Karl May, dem Massenmör-der Hitler sein Lieblingsdichter, sich den ganzen schwulstigen Krampf aus den Fingern gesaugt hat. Jahrzehnte später hab ich mir gedacht, es müsse an diesem Radebeuler Halbdepp und Grambfbolln seiner Kunst vielleicht doch irgendwas dran sein, wenn ich mir als Kind ein Leben ohne seine Kitschgeschichten kaum vorstellen hab können. Und ich hab es dann noch einmal probiert: drei Seiten *Winnetou*, Band 1. Seitdem ruhen meine

sämtlichen Karl-May-Bände in irgendeinem Altpapierlager oder verwest und verschimmelt im Schweinauer Schuttberg, also dort, wo sie hingehören. Der Heinzi, später natürlich ein Heinz, ruht auf dem Mögeldorfer Friedhof, wo er eigentlich noch nicht hingehört. Aber was willst machen, wenn es so weit ist. Die Hotelgeschäfte der Rübsamens wenigstens gibt es immer noch, sie führt seit Jahren sehr erfolgreich der Werner, dem Heinzi sein jüngerer Bruder. In nächster Zeit, bevor es zu spät ist jedenfalls, muss ich ihn einmal fragen, ob er mir im *Sheraton* ein Stück Erdbeerkuchen ausgibt. Vor der Silberbüchse braucht er sich nicht zu fürchten, die befindet sich ja dank seiner Mutter in den ewigen Jagdgründen. Und der Eckart Kalt? Mein selbstloser Freund und Gewehrschnitzer? War eines Tages nicht mehr da. Er und seine Familie, haben sich die Erwachsenen bei uns manchmal in die Ohren geraunt, seien Kommunisten gewesen.

° ° °

Der Franz mit dem stählernen Bein

Wie das geht im Leben, dass sich aus ungefähr fünfzehn vom Krieg traumatisierten oder auch vom Krieg überhaupt nicht traumatisierten Kindern eine Gemeinschaft bildet — wer weiß das schon? Da kannst Soziologie studieren und Politologie und Religionswissenschaften und Psychologie, meinetwegen hundert Semester lang, dann weißt du es immer noch nicht. Oder sagen wir es so: Ich weiß es nicht, weil ich außer meinem Leben und die in ihm befindlichen Menschen weitgehend nix studiert hab, obige Disziplinen schon gleich gar nicht. Da waren also der Wulf I Weidner und sein kleiner Bruder Gerhard, der Wulf II

Stempel-Müller, der Wolfi Emmert, der eines Tages als Bremser voll in mein Schicksalsrad gegriffen hat, der Gerhard Prechtel, der Rainer Lobewein, der Friedrich Boboti, der, warum auch immer, als Fiffi sein Dasein fristen hat müssen, der schon ein paar Jahre ältere Rudi Pöhlmann, die Gebrüder Wein, mit denen nicht besonders gut Kirschen essen war, dito mit dem Horst Satzinger, der ungern mit uns fraternisierende Fersch, der Arnulf Deffner, der bereits erwähnte Heinzi Rübsamen, der Manfred Neumann, der Uli Heime, die Hiltners Ursel und die mit Recht sehr löblich bereits aufgeführte Ursel Fiederer. Und auf einmal hat sich eines Spätsommertags noch ein gewisser Franz Staudinger eingestellt – wobei vom Stellen keinesfalls die Rede sein hat können, eher vom Sitzen.

Anlässlich einer außerordentlich einberufenen Bandensitzung ist daher ein Tagesordnungspunkt auf das Schärfste diskutiert worden – der Fall Franz Staudinger, von dem wir zu dem Zeitpunkt noch gar nicht gewusst haben, dass er Franz Staudinger heißt. Es sitze – so der Wulf I Weidner – jeden Tag von frühmorgens bis zum Sonnenuntergang ein unbekanntes Wesen auf einem Backsteinhaufen der Ruine Blütenstraße/Ecke Schmausenbuckstraße, habe am rechten Bein eine Art Gerüst oder bei uns noch nie gesehene Außenknochen, notiere ständig irgendwas auf einem mitgebrachten Zettel und spreche kein Wort. Was machen wir mit dem geheimnisvollen Schmausenbuckstraßenbeobachter? Schließlich bin ich ausersehen worden, ihn, den fremden Notizenschreiber mit dem Gerüstbein, im Rahmen der uns beigebrachten Höflichkeitsfloskeln auszuforschen. Also hab ich ihn gefragt: »Wer bisdn edzer du?« – »Franz.« – »Wo kummsdn her?« – »Aus Babylon.«

Wie sich außer diesem Babylon noch herausgestellt hat, dass er auf seinem Zettel sämtliche vorbeifahrenden Automarken no-

tiert, aus dem einfachen Grund, weil er noch niemals in seinem Leben ein Auto gesehen hat, dass das Gerüst an seinem rechten Bein eine Schiene darstellt, die er der Kinderlähmung zu verdanken hat und dass er im Übrigen nicht gestört werden möchte beim Betrachten und Aufschreiben der vorbeifahrenden Autos – da haben wir vorläufig beschlossen, dass der Staudinger spinnt. Was aber nicht den Tatsachen entsprochen hat.

Sehr viele Jahre später sind wir dahintergekommen, dass es sich bei diesem Babylon keineswegs um die biblische, vielleicht viertausend Jahre alte Hauptstadt Babyloniens gehandelt hat, sondern um ein sehr kleines Dorf im Böhmerwald, in das sich die Familie Staudinger gegen Kriegsende von woher auch immer geflüchtet hatte. Und der Vater vom Franz war der Fritz Staudinger, ein Architekt und eng befreundet mit der anderen Mögeldorfer Baumeisterfamilie Schneckendorf. Zudem hat der Franz die Beobachtung und sorgfältige schriftliche Erfassung motorisierter Fahrzeuge nach einigen Wochen eingestellt – zugunsten der Teilnahme an unserem Bandenunwesen. Und sogar leidlich Fußball hat der Franz gespielt, trotz seines Stahlgerüstes am rechten Bein. Ihn weiträumig zu schwanzen war stets angeraten, denn ein sogenanntes Hulzerla (Holzerlein oder verschärfte Knochenpolitur) vom Franz war aus Stahl geschmiedet und außerordentlich schmerzhaft. Hochachtungsvollst ist der Franz Staudinger aber nicht wegen seines Stahlbeins von uns gewürdigt worden, sondern aus zwei wesentlich wichtigeren Gründen: Stets haben wir von seiner Mutter auf inständiges Betteln ein Butterbrot bekommen, mit welcher Zutat oben auf die Butter drauf? Das errät jetzt keiner – mit einem wie von einem anderen Stern stammenden Tomatenketchup! Und im zweiten Sommer seiner Anwesenheit in der Blütenstraße war der Franz auf einmal zwei Wochen lang wie vom Nachtgieger gekrallt verschwunden.

Und wie er plötzlich wieder aufgetaucht ist, hat er uns eine Ansichtskarte gezeigt, drauf war ein blaues Meer zu sehen, ein noch blauerer Himmel, einige Fischerboote, Uferpromenade, prächtige Gebäude und wahrhaftige Palmen. »Des, ihr Deppen«, hat uns der Franz erklärt, »des is Italien. Da waren wir im Urlaub.« Damals hab ich beschlossen: Tomatenketchup, ein blaues Meer, Palmen – wenn du das einmal in echter Lebendigkeit vor Augen geführt kriegst, dann hast du es geschafft im Leben.

Noch eine dritte, für mich sehr tröstliche Angelegenheit hab ich durch den Franz Staudinger erfahren dürfen. Ich weiß es noch genau, es war ein Sonntag, wir haben im Wohnzimmer der Staudinger irgendwas Blödes, sonntäglich Langweiliges halt, gespielt, und im Erwachsenenabteil des Zimmers waren die zwei Architektenfamilien in ein immer lauter werdendes Streitgespräch vertieft. Um was es gegangen ist – was weiß ich. Da hat die Frau Schneckendorf auf eine Bemerkung vom Fritz Staudinger irgendwas Unpassendes erwidert, der Herr Schneckendorf hat seine Frau sehr laut und direkt aufsässig in die Schranken verwiesen, und allenfalls eine Sekunde später hat die Frau Schneckendorf rechterhand aufgezogen – und ihrem Ehemann eine geknallt, dass man auf der Wange vom Schneckendorf noch die fünf Finger nachzählen hat können. Hab ich gedacht: »Da schau her, es erwischt manchmal auch Erwachsene mit einer Drümmer Schelln.« Ganz normale, herkömmliche Erwachsene, und nicht nur mich oder den Lehrer Kastner.

An die Welt oder genauer gesagt an deren Schöpfer hätte ich ja viele Fragen. Zum Beispiel die: Wo befindet sich bei uns im Körper das Organ, das ein Heimweh erzeugt. Schon klar, Psychoanalytiker oder der Dr. Freud, die wissen Bescheid, haben es mir aber nie genau erklärt. Kann auch sein, dass ich ihre Erklärungen einfach nicht versteh. Alles, was ich weiß, ist: Das Heimweh gibt es. Genauso wie dieses ähnlich seltsame Gefühl, das sich Déjà-vu nennt – schon einmal gesehen. Fährst irgendwohin, am besten weit weg, wo du garantiert noch nie in deinem Leben warst. Und dann kommst du in diesem weit entfernten Irgendwo, das du nicht kennen kannst, an einem schönen Baum vorbei, Blumenwiese dahinter, Berge um dich rum, anheimelnde Stimmung, und plötzlich fließt es, fast wie elektrisch, durch dich durch, gegebenenfalls bis nauf zum Hirn, welches dann ein paar Sekunden lang denkt: Da war ich doch schon einmal. Hab ich genauso schon gesehen, déjà vu. Ich hab es jetzt deswegen mit meinen dürren Worten noch einmal versucht zu erklären, weil es vornehmlich Fußballreporter im Fernsehen gern und vollkommen blödsinnig erzählen. Ungefähr so: »Der 1. FC Nürnberg hat jetzt mit dem 1:2 gegen Fürth sein Déjà-vu. Vor fünf Jahren haben sie nämlich schon einmal gegen Fürth verloren.« In dem Fall hat aber das Déjà-vu mit einer Umleitung zum Hirn überhaupt nichts zu tun. Höchstens mit einem Höchstmaß an Hirnrissigkeit. Aber eigentlich wollte ich von meinem ersten und dann noch von meinem zweiten Heimweh erzählen. Das erste Heimweh hat seinen Anfang genommen, wie die Seltmanns-Oma mir

beim Wasserplanschen im Garten zugeschaut und dann zu meiner Mutter gesagt hat: »Der Glaa, der schaut doch aus wie der Ghandi!« Warum der indische Freiheitskämpfer für die körperliche Einstufung zaundürrer Kinderkörper herhalten hat müssen, weiß ich auch nicht. So dünn wie ich ist der Mahatma Ghandi ganz bestimmt nicht gewesen. Aber der Ghandi-Vergleich hat gewirkt.

Ein paar Wochen später, im Juni 1949, bin ich in einem Omnibus der Arbeiterwohlfahrt gesessen — Abfahrt nach Schloss Freienfels in der Fränkischen Schweiz, zum Aufpäppeln oder auch Mästen von ungefähr hundert angeblich unterernährten Nürnberger Kindern. Sie haben uns dort nach Kräften vollgestopft, gern auch mit Unmengen von Spinat, meiner Leibspeise, von der ich meistens so viel wie möglich im Mund aufgesammelt hab, um ihn dann heimlich am Klo wieder rauszuspotzen. Sechs Wochen lang sind wir dort, fast hundert Kilometer von daheim weg, zum Anti-Ghandi umgewandelt worden. Körperlich hat es ganz gut funktioniert, seelisch eher nicht. Schon in der ersten Nacht ohne die Mutter in der Nähe, ohne meinen Teddybär, ohne meine Freunde, hab ich das gespürt, was man nicht sehr gut beschreiben kann: Tränen, die unablässig ins Kopfkissen rinnen, Angst, Magenziehen, Kloß im Hals. Heimweh halt. Oder vielleicht ein verdrehtes Déjà-vu — du bist an einem Ort, von dem du vor allem nachts fühlst, dass du dort noch nie gewesen bist und ganz bestimmt nie mehr sein willst. Sechs Postkarten hab ich von dem Kindererholungsheim an die Eltern geschickt oder schicken müssen. Ein sehr krakelig und unbeholfen geschriebener Postkartentext hat so gelautet: »Liebe Eltern! Besuch ist vom Artzt ferboten. Schicke mir Clopapier und Hauss Schuhe und waschpulver. Mir gefällt es gut. Schickt mir keine Süßich Keiten. Ich bin gut angekommen von Deinem Klaus.« Das allerschönste

Erlebnis auf Schloss Freienfels ist gewesen, wie uns der Omnibus nach sechs Wochen Magenstopfen wieder abgeholt hat. Mit einem lebenslänglich wirksamen Trauma kann ich leider auch in dem Fall nicht dienen. Dafür aber mit dem schönsten Ereignis, das zweimal pro Woche stattgefunden hat: im Schlossgarten die Verteilung der Briefe oder Päckchen von daheim.

Beim zweiten Heimweh hab ich schon geahnt, dass es mich wahrscheinlich wieder krallt. Die Frau Leisner, unsere Nachbarin, hat mich auf dem Gepäckständer ihres Fahrrads in ihren Schrebergarten mitnehmen wollen, und ich bin während der ziemlich schnellen Fahrt die Schmausenbuckstraße hinunter mit dem linken Fuß in die Speichen gekommen. Hat bedeutet: zwei Wochen Krankenhaus, in der Cnopf'schen Kinderklinik an der Hallerwiese. Jeden Tag hab ich sehnsüchtig am Fenster gewartet, bis ich die Mutter drunten am Weg auftauchen hab sehen, und jeder Tag ist ein Tag weniger Heimweh gewesen.

8 / MEINE ERSTE UND LETZTE GEWALTTAT

Das hab ich schon beweiskräftigst dargelegt – dass Drümmer Schelln mein tägliches Brot gebildet haben, aber nicht zu meinem Nachteil, wie ich überzeugt bin, da ich aufgrund misslicher Erfahrungen in meinem verhältnismäßig langen Leben niemals einen Menschen und schon gleich gar nicht ein Kind unter Anwendung von händischer oder wie auch sonst gearteter Gewalt pädagogisiert habe. Was aber gelogen ist. Ein einziges Mal ist es ohne brachiale Gewalt einfach nicht mehr gegangen. Der Horst Satzinger hat dem Gerhard Prechtel und mir nachgestellt, wo immer er uns erwischen hat können. Und immer nur einen von uns; sind wir zu zweit aufgetaucht, hat er uns in Ruhe gelassen. Also Kriegsrat zwischen dem Prechtel und mir: Wir überfallen den Drecksack von Satzinger im Bombentrichter-Wäldla. Wäldla ist die Verkleinerungsform von Wald. An einem Ferienvormittag, hinter der großen Eiche wild entschlossen und nahkampfbereit lauernd, haben wir ihn gesichtet, von hinten angesprungen, zu Boden gerissen und ihn nach allen Regeln der Kunst malträtiert. Die Kunst hat bestanden aus: voll ins Gesicht schbodzn (deutsch: spucken), beide Ohren rausschrauben, zwicken, in Arme und Beine beißen, abwechselnd abwatschen, ganze Haarbüschel rausreißen, Eicheln in die Nasenlöcher stopfen, Arschtritt. Wie wir mit der Ganzkörper-Bastonade wieder von vorn anfangen haben wollen, hat der Horst bfliedschend (weinend) gewinselt, was denn unser Begehr sei und ob wir die

Kampfhandlungen bittebittebitte einstellen könnten. Können wir machen, hat der Prechtel dem Satzinger in Aussicht gestellt, aber nur unter der Bedingung, dass du uns in Zukunft nicht mehr nachstellst. Er hat bei allen uns bekannten Heiligen, vom Morlock bis zum lieben Gott, immer und ewig währenden Frieden geschworen und sich anschließend, humpelnd und aus einigen oberflächlichen Wunden blutend, aber von seinem Raubrittertum wirklich geheilt bis zum heutigen Tag, davongemacht. Den raubritterlich ähnlich geformten Gebrüdern Wein sind wir stets aus dem Weg gegangen, denn sie waren ja, wie das Wort Gebrüder schon verrät, von vornherein immer zu zweit.

Vielleicht ein halbes Jahrhundert später hab ich den Horst Satzinger wiedergetroffen. Auch seltsam: Dass man sich nach fünf Jahrzehnten Entfremdung binnen nur weniger Zehntelsekunden Gesichtsstudium ohne Weiteres wiedererkennt. Und sogleich die Aufarbeitung der Vergangenheit beginnt, meist mit den Worten »Wassders nu?« (für alle jenseits sämtlicher Sprachgrenzen: »Weißt du es noch?«). »Wassders nu?«, hab ich da den späteren Haus- und Café-Besitzer Satzinger gefragt. »Wassders nu, wie wir, der Prechtel und ich, dich gottserbärmlich abgfodzd haben?« Eines von den ganz unvergesslichen Ereignissen meiner Kinderzeit – der Satzinger hat sich nicht mehr erinnern können! Oder wegen erlittener und hochverdienter Schmach nicht mehr erinnern wollen. Man nennt es Verdrängung, die Einpferchung lästiger Gedanken. Wo sich dann im Hirn der Pferch befindet und ob er sich unter Umständen wieder öffnen lässt – das ist halt die Frage.

9 Die zweite Lebensrettung

Jetzt noch einmal zur Vertiefung der Geografie unserer kleinsten Heimat: Im Südosten (meiner Lieblingshimmelsrichtung) der einstens schönsten, später, von 1933 und folgende Jahre an, hässlichsten und inzwischen wieder leidlich anschaubaren, teilweise sogar pittoresken Stadt Nürnberg befindet sich zwischen der Eisenbahnlinie Richtung Prag, der Schmausenbuckstraße, dem Tiergarten, Zerzabelshof vulgo Zabo und Gleißhammer der Stock. Der Stock wiederum wird gebildet aus der Blüten-, Eichen-, Farn- und Tiefäckerstraße. Auf jenen vier Straßen sind alles in allem täglich zirka fünf Personenkraftwagen verkehrt, das Motorrad vom Gasmann sowie die Lastkraftwagen der Kehrichtbauern und der Odelbauern. Bei Letzteren hat es sich keineswegs um Bauern, sondern vielmehr um erstens Müllmänner und um zweitens weitgehend geruchsunempfindliche Preisschifahrer gehandelt – ein sehr häufig missbrauchter Buchstabenverdrehungs-Wortwitz, mündend in die korrekte Aussprache Scheißbrühfahrer. Anstelle eines Abwasserkanals hat es rund um den Stock pro Haus jeweils eine von den Scheißbrühfahrern regelmäßig zu entleerende Odelgrube gegeben.

Zum Straßenverkehr rund um den Stock haben sich noch der Handwagen des Obst- und Gemüsehändlers Flachenecker hinzugesellt sowie alle paar Wochen die fahr- und schiebbare Werkstatt eines Scherenschleifers. Die meisten Gehsteige waren in ihrem Naturzustand belassen, also nicht gepflastert, sodass man auf ihnen in der Heimaterde schussern hat können, mit dem Küchen- oder Taschenmesser Landstechen oder, an Regentagen,

mit Lebberi-(= Schlamm-)Badzn schmeißen. Auch war der Stock sehr gut für Fahrradrennen geeignet.

Im Gegensatz zum Stock hat ungefähr zwei Kilometer weiter westlich der erwähnte Block existiert, beginnend bei der auch schon längst wegsanierten *Coca-Cola*-Fabrik. Der Block war, ähnlich wie Jobst, ein, wenn überhaupt, mit größter Vorsicht zu kontaktierendes Viertel. Die Klassenkameraden vom Block haben das Fußballspiel bei der SpVgg Ost erlernt, wir vom Stock beim Turnerbund Mögeldorf. Beziehungsweise haben wir es uns selber beigebracht, ganz ohne aufgeblasene Trainer, also beste Fußballschule überhaupt. Für die Aufrechterhaltung der Ordnung rund um den Stock waren zwei fußläufige Bolli (Polizisten) zuständig: der sehr große, unnahbare, nicht ganz geheuere und schwer nachtgiegerverdächtige Bolli Weschenfelder und der kleine, dickstockerte, aber sehr nahbare und gemütliche Bolli Zapf, berühmter Handballspieler beim Turnerbund Mögeldorf. Beide haben sich im Polizeirevier an der Schmausenbuckstraße, gleich neben der Frau Gottlieb ihrem Kiosk, immer vom Fußstreifenlaufen erholt und dort Anzeigen aller Art, von der Brandstiftung am Schmausenbuck bis zur Ruinenbeschädigung, entgegengenommen. Das Polizeirevier, eine alte Villa, ist vor Jahrzehnten abgerissen worden. Warum? Da musst du die Abreißer fragen. Die werden schon wissen, warum. Oder auch nicht.

Auch wir haben einmal das Abreißen probiert, und zwar bei der besten Ruine im ganzen Viertel, dem sogenannten Wahleder-Haus. Wahrscheinlich hat es einer Familie Wahleder gehört. Von ihm, dem Wahleder-Haus, ist nach einer der Bombenheimsuchungen nur noch die Fassade erhalten geblieben und die beiden Seitenwände und sonst nix. Damit es in dieses Nix nicht hineinregnet, ist das Resthaus von oben bis sehr schräg nach

hinten mit Holzleisten und Dachpappe bedeckt worden. Da kommst du nicht drauf, was wir nach genauerer Erkundung der Wahleder-Schräge erfunden haben: die wahrscheinlich erste Sommerrodelbahn der Welt. Für ein paar Tage im Sommer hat das Fußballspiel im Feld-, Wald- und Wiesenstadion an der Farnstraße ein kinderloses Dasein fristen müssen, weil wir lieber unter größten Anstrengungen die sehr schiefe Ebene hinaufgekrochen und dann, laut jubilierend, auf unserem lederhosengeschützten Hintern oder auf den Schuhsohlen in waghalsiger Hocke das Behelfsdach hinuntergerodelt sind. Die Lederhosen, auch Boxn genannt, und die Schuhsohlen haben der Reibung weitgehend standgehalten – den Wahleders ihre kostbare Dachpappe aber nicht. So hat die Erfindung der weltweit ersten Sommerrodelbahn mit einem ziemlich scharfen Verhör seitens des Polizisten Weschenfelder nach nur kurzer Rutsch- und Laufbahn ihr Ende gefunden.

Wer für die zerschlissenen Dachpappenbahnen am Schluss hat aufkommen müssen, weiß ich nicht mehr. War mir auch wurschd, denn kurze Zeit später haben wir im Wäldla nahe der Farnstraße ein viel besseres Spiel erfunden – Steilbahnrundrennen. Dazu braucht man ein sensibles Gespür für Kurven, einen mit Grund- und Regenwasser halb gefüllten Bombentrichter und möglichst abschüssige, möglichst rutschige Bombentrichterufer. In extremer Schräglage und barfers haben wir den Bombentrichter in Höchstgeschwindigkeit umrundet. Das Adjektiv »barfers« lautet in der deutschen Übersetzung »barfuß« und findet sich in dem zweizeiligen Sinnspruch wieder »Barferslaafer – Dreegverkaafer«, also: Barfußläufer – Dreckverkäufer. Auch ein schöner Reim in seiner Eigenschaft als Abzählvers heißt: »Eene, Meene, Mubbl, wer frisst Bubbl, süß und safdich für eine Mark und achdzich, für eine Mark und zehn, und du kannst gehn«.

Bei Bubbln handelt es sich um Fundstücke, die beim tiefst- beziehungsweise hochschürfenden Nasenbohren, auch bubbln genannt, in bizarrsten Formationen aufgespürt und anschließend geschnalzt werden können. Man unterscheidet infolgedessen zwischen erstens Schnalz-, zweitens Trocken- und drittens Ziechbubbl. Das Bombentrichtersteilbahnrundrennen war aber wesentlich interessanter als etwa einen Bubbl schnalzen, ziehen oder nach eingehender Inspektion einfach nunterschlucken. Um ein Haar hätte ich an einem Spätsommernachmittag das Steilbahnrundrennen als Allerallerletzter beendet, nämlich für immer und vermutlich ewig in diesem ja gerade erst begonnenen Leben. Dass ich immer noch nicht tot bin, sondern einigermaßen lebendig am Schreibtisch sitz und ein wahres Chaos von Erinnerungen hinschreib – das hab ich der Hiltners Ursel zu verdanken. Also jetzt dann gleich die zweite Lebensrettung.

Wegen Spätsommer oder meinetwegen auch Frühherbst war der eine unserer zwei Bombentrichter im Wäldla gut mit Regenwasser gefüllt, deutlich tiefer als meine damalige Gesamthöhe von vielleicht eins zwanzig. Und der Lehm der Bombentrichtersteilwand hat einen allerhöchsten Rutschkoeffizienten gebildet, Haftfähigkeit beim Barfußrennen praktisch Null. An aussichtsreicher zweiter Stelle liegend bin ich, im Endspurt unachtsam, aus der Kurve geflogen und im Bombentrichtersee untergegangen. Alle meine Mitkonkurrenten um den Bombentrichtersteilbahnrundrennen-Pokal haben sofort das Weite gesucht. Und auch gefunden. Einzige Ausnahme: die Ursel Hiltner aus der Blütenstraße. Auch auf die Gefahr hin, dass sie selber mit in den Bombentrichtersee rutscht, hat sie mich Nichtschwimmer-Depp aus dem Wasser gezogen. Ob das ein schönes Geschenk ist – siebzig oder wie viel Jahre Weiterleben? Wer weiß das schon. Hängt ja auch davon ab, ob dich nach dem Abtauchen ein Para-

dies, ein Garten Eden und andere schöne, schlaraffenländliche Annehmlichkeiten auf dich warten, oder aber die uns häufig, wie zum Beispiel vom Jungscharführer Häberlein oder vom Katechet Roth, in Aussicht gestellte Hölle. Oder ganz anders: ob die irdische Existenz bereits die Hölle darstellt. Da wirst ja oft ganz wirr, direkt philosophisch im Kopf. Für den Fall, dass du einen hast. Beides, dem Katechet Roth und dem Häberlein seine Erzählungen aus einer Million und einer Nacht und meinetwegen dem Ding, dem Heidegger und Konsorten ihre gelegentlichen Rätselhaftigkeiten – kann sein, dass wir uns das alles erfunden haben, weil wir außer der Gewissheit vom Abschiednehmen nix Genaues wissen. Präziser: Nicht den Hauch von einem Schimmer von der Zukunft. Jedenfalls hat mich die Hiltners Ursel vorm Ertrinken gerettet, und ich hab mich wieder der Gegenwart, dem Leben und dem Fußballspielen zuwenden können.

○○○

Ich bin der Morlock!

Wichtigste Zeremonie vor jedem Match: die Wahl der zwei Mannschaften. Man hat es Rittern genannt oder auch Dibb-Dobb, hochdeutsch hingeschrieben: Tipp-Topp. Das Dibb-Dobb geht so: Die zwei von vornherein feststehenden Kapitäne stellen sich in duellmäßiger Entfernung gegenüber, setzen einen Fuß vor den anderen, und der erste Mannschaftskapitän sagt beim Setzen des Fußes »Dibb«. Dann der andere: »Dobb.« Dann wieder der erste: »Dibb.« Dann wieder »Dobb«, gefolgt von »Dibb«. Der Kapitän, der entweder mit Dibb oder aber mit Dobb seinen letzten Fußtritt setzen kann, ohne den Fuß

des Gegners zu berühren, hat die erste Wahl eines Mitspielers. Nach vorheriger Klärung gelten auch halbe Fußlängen oder die Länge einer Fußspitze. Schwer verständlich, oder? Aber so sind halt einmal die Regeln. Die größte Schmach beim Rittern oder Dibb-Dobb bildet selbstverständlich das Ende der Prozedur, wenn noch zwei bis drei Anti-Fußballer ungewählt und schamhaft starr auf den Boden schauen und mit ihren zwei linken, komplett fußballunfähigen Beinen hadern und schließlich mit den Worten eines der beiden Kapitäne »Die zwaa da kennder aa nu hoom« als notwendige Übel der sowieso schlechteren Mannschaft noch zugeschlagen werden. Und dann, Sekunden nach der Mannschaftseinteilung, das wichtigste Ereignis überhaupt. Ein Vorgang, der seinesgleichen sucht, der keine Bezeichnung, keine Titulierung je gefunden hat, aber in seiner Bedeutungsschwere mindestens fünf Zentner schwer gewesen ist. Wenn nicht noch schwerer. Und der sich innerhalb von Sekunden, ja Zehntelsekunden abspielen hat müssen. Dazu muss man wissen, dass bei uns nicht ein Müller, ein Weidner, ein Pöhlmann, ein Rübsamen, ein Lobewein, Emmert, Staudinger oder ein Deffner Fußball gespielt haben. Nicht einmal eine Ursel Fiederer, trotz des ruhmreichen Nachnamens. Vielmehr hast du allerhöchstens eine Zehntelsekunde nach endgültiger Klärung der Mannschaftsaufstellung brüllen müssen: »Iich bin der Morlock!!!« Und dann warst du für den ganzen Nachmittag der Morlock. Auch wenn natürlich jeder von uns der Morlock sein hat wollen – Proteste gegen die befristete Namensvergabe sind komplett sinnlos gewesen, denn es hat gegolten: Wer zuerst »Morlock« brüllt, der bleibt für den Tag der Morlock, da kannst noch so winseln und jammern oder gegen Inaussichtstellung der kostenlosen Abgabe einer Steinschleuder, dreier im nahen Bächla (Bächlein) frisch gefangener Salzger (Salamander) oder anderer Preziosen bitteln

und betteln. Du warst halt gezwungen, den Fußballnachmittag als Schaffer, Kennemann, Winterstein, Schober, Ucko, Pöschel oder Glomb zu fristen. Was ja auch nicht so ganz schlecht war.

Was jetzt den Glomb, den Club-Mittelstürmer Günther Glomb betrifft, da hat sich Jahrzehnte später ein schlimmes Reporter-Missgeschick meinerseits ereignet. Für alle, die es nicht wissen, schreib ich es noch einmal hin, dass der Glomb ungefähr in den Siebzigerjahren des leider vergangenen Jahrhunderts, also schon zu meiner Erwachsenenzeit, teils als Nationaltrainer, teils als Gastronom nach Thailand ausgewandert ist. Und da ist mir, in meiner Eigenschaft als einigermaßen rasender Fußballreporter beim *8-Uhr-Blatt*, zugetragen worden, dass ein gewisser Günther Glomb in seiner Bangkoker Tag- und Nachtbar anlässlich einer gewalttätigen Auseinandersetzung mit einem Messerstich ermordet worden ist. Was es mit einer journalistischen Sorgfaltspflicht auf sich hat, hab ich da noch nicht so genau gewusst, aber wie man einigermaßen unfallfrei Sätze hinschreibt, wenn sie eine in keiner Weise bestätigte und infolgedessen sehr exklusive Sensation in sich bergen – das schon. Also ist anderntags in sehr großen Buchstaben auf der Seite 1 des *8-Uhr-Blatts* gestanden: »Ex-Club-Torjäger Glomb in Thailand ermordet«, dahinter drei Ausrufezeichen. Danach große Aufregung in ganz Nürnberg, und drei Tage später noch einmal große Aufregung auch bei mir, indem in der Früh das Telefon geläutet und nach Abnahme des Hörers mir eine etwas aufgebrachte Stimme ins Ohr geschrien hat: »Hier spricht der ermordete Günther Glomb, du Rimbfiech! Wos hosdn dou neigschriem in dei *8-Uhr-Blatt?!*« Es folgten drei Frage- und mindestens zehn Ausrufezeichen. Oft sind mir in meinem Leben, wenn es dringend notwendig war, ganz gute Ausreden eingefallen – im Fall jenes Telefongesprächs mit einer von mir erzeugten lebendigen Leiche keine einzige.

Wen es interessiert: Der Glomb hat mir die Veröffentlichung einer Fehlinformation verziehen. Wahrscheinlich deswegen, weil er sehr froh war, dass er nicht ermordet worden ist.

Jedenfalls der Glomb, obwohl auch gut, bin ich bei unseren Fußballspielen auf der Holweg-Wiese nie gewesen, aber immer, genauer gesagt fast immer, der Morlock. Einzige Ausnahme, mit schlimmen Folgen: An einem unserer Fußball-Nachmittage muss ich nach erfolgtem Dibb-Dobb und Mannschaftenbildung irgendwie betäubt oder eingeschlafen oder von allen guten Geistern verlassen gewesen sein. In meine höchstens Sekunden dauernde geistige Abwesenheit hinein hat auf einmal neben mir der Wulf I oder der Wulf II oder gar der Rübsamen gebrüllt: »Iich bin der Morlock.« Fünfundzwanzig Ausrufezeichen. Klingt jetzt vielleicht dramatisch, aber es war so – Wendepunkt in meinem Leben. Zum ersten Mal bin ich nicht der Morlock gewesen, der Held meiner allerschönsten Tagträume. Wahrscheinlich haben wir an dem Nachmittag haushoch verloren. Was aber beileibe nicht das Schlimmste gewesen wär. Das Schlimmste kommt dann gleich, es hängt mit dem Wolfi Emmert zusammen. Und mit meiner Karriere als Morlock-Nachfolger beim seinerzeit wirklich außerordentlich ruhmreichen 1. FC Nürnberg.

°°°

Schneebälle oder der weltweite Sozialismus

Man möchte jetzt natürlich meinen, dass es in meinem Kinderleben außer einem Lederfußball mit einer Seele drin und einem Schnerbfl dran, einem weinroten Trikot, einem weißen Betttuch mit der von der Mutter rot eingestickten Inschrift 1. FCN und

einem Halbgott namens Max Morlock nicht viel andere Inhalte gegeben hat. Was aber nicht stimmt. Zum Beispiel hab ich mit dem aus den vier Straßen bestehenden Stock eine sehr schöne Heimat gehabt. Und darüber hinaus hat diese Heimat aus einer Familie bestanden, die sich wiederum aus einer liebenden, wenn auch mitunter sehr handfesten Mutter (Liebe und Hiebe waren damals scheint's ein und dieselbe Angelegenheit), zwei Schwestern, einem Bruder und einem Wochenend-Vater zusammengesetzt hat. Unser Vater war ein gelernter Foto-Kaufmann, ausgebildet beim Porst, und ein geborener Allesverkäufer. Nach seiner Heimkehr aus der Kriegsgefangenschaft hat er ein kleines Büro in Johannis gemietet und dort, zusammen mit einem sogenannten Kriegskameraden, schöne Werbesprüche verkauft. Dann haben sich die zwei Kameraden gegenseitig verkauft; wer jetzt dabei wen übers Ohr gehauen hat, wird für immer ungeklärt bleiben. Der Kamerad Matthias R. hat gesagt, der Kurt Schamberger war der Stinkstiefel, und mein Vater hat gesagt, seine Stiefel seien der Wohlgeruch in Perfektion gewesen, während wiederum das Schuhwerk des Herrn R. förmlich zum Himmel gestunken habe. Was wirklich war, weiß man nicht. Dass der wahre Stinkstiefel vielleicht doch der Kriegskamerad Matthias R. gewesen ist – dafür gibt es einen über jegliche Zweifel ziemlich erhabenen Zeugen, den Achim Bröger. Von dem ich schon erzählt hab, dass er der Enkel vom Nürnberger Dichter, Journalisten und SPD-Stadtrat Karl Bröger ist.

Obacht! Jetzt ufert es ein bisschen aus, weil: Einer der Söhne des sogenannten Arbeiterdichters (wie wenn es nichtarbeitende Dichter auch gäbe) Karl Bröger war zunächst einmal der Friedrich Bröger, der erstens Dramaturg am Nürnberger Schauspielhaus gewesen ist, zweitens der Verfasser des wahrhaft weltberühmten

Prologs, den das Christkind jedes Jahr Anfang Dezember immer von der Empore der Frauenkirche auf ungefähr fünfzigtausend Zuhörer herunterspricht und dadurch den noch weltberühmteren Christkindlesmarkt, infolge einiger Millionen Schoppen dargereichten, alkoholartigen Zuckerwassers Glühweihnachts-Ballermann genannt, eröffnet. Und neben jenem Friedrich Bröger hat der Karl Bröger noch zwei weitere Söhne gehabt. Einer ist sehr jung im Krieg, wie man äußerst euphemistisch, schönschreibend zu sagen pflegt, gefallen. Der andere war der Arnold Bröger, wiederum der Vater vom Achim Bröger, meinem Schreiberfreund. Und der Achim Bröger lebt, erfolgreich Jugendliteratur schreibend, im allerhöchsten deutschen Norden in der Nähe von Lübeck, wiewohl in Erlangen geboren. Falls es sich wer gemerkt hat: Der Gregor Schamberger, mein Großvater, und der Arbeiterdichter Karl Bröger, der Großvater vom Achim Bröger, waren in Ziegelstein nicht nur fast Nachbarn, sondern auch: Freunde, SPD-Stadträte und dank der Anordnung unseres glatzköpfigen Menschenschinders Julius Streicher beide KZ-Häftlinge in Dachau. Infolge einiger Zufälle hab ich im Jahr 2005 den Achim Bröger kennen- und schätzen gelernt. Es hat sich also der Kreis geschlossen, beziehungsweise zwei Greise. Und jetzt (Ende der notwendigen Ausuferung) fehlen nur noch zwei Begebenheiten: Dass der Arnold Bröger seinerzeit an der kleinen Johanniser Reklamefabrik namens *Werbekunst* erst ebenfalls beteiligt war und dann plötzlich nicht mehr, und seinem Sohn einige Einschätzungen des Kompagnons Matthias R. hinterlassen hat. Sie haben zusammengefasst wie folgt gelautet: »Der R. war ein übler Zeitgenosse.«

Nach seinem zwangsweisen Ausscheiden aus der *Werbekunst* hat mein Vater als Vertreter die Fotoprodukte des einstmals be-

rühmten, inzwischen auch längst abgerissenen Camerawerks Carl Braun in Muggenhof verkauft, Fotozubehör in einem eigenen Geschäft in Johannis. Später hat er, ungefähr in der Reihenfolge, verkauft: das Fotogeschäft in Johannis, Zeitungsanzeigen für das SPD-Blatt *Vorwärts*, Baugrundstücke in Spanien, die Schneebälle des Schneeballsystems IOS, eigenhändig produzierte und selbst erfundene Filmabstreifzangen, Videokassetten und was weiß ich noch alles. Aber immer mit einer Überzeugungskraft, als wären es der Reihe nach Weltsensationen zum einmaligen Sonderpreis. Was zum Beispiel die IOS-Aktien eines gewissen Herrn Bernard Cornfeld betrifft, die am Ende ungefähr 0,00 DM oder noch viel weniger wert gewesen sind – da war mein Vater mindestens hundertprozentig überzeugt, mit diesen Papieren ziehe in Bälde der Wohlstand für alle durch die Lande. Und zwar durch alle Lande dieser Erde. Während einer seiner politischen Seminare unter vier Augen hat er mir eines Tages vertraulich dargelegt: »IOS-Aktien – das ist die Realisierung des weltweiten Sozialismus.« Hab ich als Kind natürlich gern geglaubt, und es wäre höchstwahrscheinlich auch so gekommen, hätte die damals weltweit größte Schneeballschlacht des Schweizer Betrügers nicht mit einem Haftbefehl gegen den Herrn Cornfeld und letztlich mit einer hohen Geldstrafe, die nie bezahlt worden ist, ihr Ende gefunden. Auf den weltweiten Sozialismus hat mein Vater bis zu seinem Lebensende gehofft und wahrscheinlich auch fest an ihn geglaubt. Einerseits. Andererseits: Wenn irgendwer irgendwo ein Chef gewesen ist – das war für unseren Vater das Allergrößte. Das schöne und manchmal durchaus einträgliche, wenn auch wenig sozialistische Spiel namens Verkauferlens hat der Vati immer von Montag bis Freitag gespielt. Das Erwachen von uns Kindern am Samstagfrüh hat dadurch teils aus großer Freude bestanden, teils aus großer Furcht. Denn immer wenn der

Vater Freitagnacht von der Reise (so hat die Abwesenheit von Vertretern geheißen) heimgekehrt ist, hat er uns vier Kindern ein Mitbringsel aufs Nachtkästchen gelegt. Das war die Freude. Oder die Mutter hat meine Unbotmäßigkeiten aller Art unter der Woche nicht manuell, sondern verbal mit den Worten quittiert: »Wart ner, bis am Freitag der Vati heimkommt!« Das war die Furcht. Wie meiner Mutter die Wochenend-Ehe gefallen hat, weiß ich nicht. Unter einem Dach mit den Eltern, vier Kindern, einer weiteren, aus Großmutter, Mutter und zwei Kindern bestehenden, amtlich zugeteilten Flüchtlingsfamilie, den Fleinerts, gelegentlich einer mit im Haus lebenden Haushaltshilfe – da mag so ein Dach möglicherweise ganz unschön aufs Gemüt drücken. Wer schon einmal erlebt hat, wie es nausgehn kann, wenn drei bis vier Frauen auf einem einzigen Herd ungefähr gleichzeitig kochen, der weiß Bescheid. Und dann noch die kartoffelackerartigen Sorgenfurchen, krumm und bucklig gezogen vom ältesten Sohn, wenn der so ein Rumzigeunerer wie ich gewesen ist. Eigentlich hatte sie nach ihrem Abitur Medizin studieren und Ärztin werden wollen, wären nicht erst der Kurt Schamberger, dann der Hitler und sein Weltkrieg und am Ende wir vier Kinder dazwischengekommen. Mehr Pech kannst im Leben kaum haben. Einerseits. Andererseits hat sie ihren nur wenigen Seiten aufgeschriebener Erinnerungen einen Satz von Albert Schweitzer vorangestellt. Der Satz heißt: »Das einzig Wichtige im Leben sind die Spuren der Liebe, die wir hinterlassen, wenn wir gehen.«

Geld hat bei unserem Vater selten eine lange Aufenthaltsdauer genossen. Am berühmten Hungertuch nagen – oder wie man bei uns sagt: die Goschn an die Tischkante hinhauen – haben wir aber nicht müssen. Immerhin hat die Mutter nach den paar dürren Jahren auf weitere haushaltliche Hilfskräfte zurückgreifen können. Eine Zugehfrau namens Schlosser, eine Büglerin in Gestalt eines Fräulein Schrauder aus Fürth sowie eine Näherin, ebenfalls Fräulein, und zwar das Fräulein Zethmeyer, welches in einem Dorf irgendwo hinter Scheinfeld gewohnt, einen leichten Damenbart plus Warze gehabt, zirka zwei Zentner gewogen und immer drei Tage mit Sockenflicken, Vorhangnähen oder dem Schneidern sehr hässlicher Kinderanzüge bei uns daheim verbracht hat. Bei Ankunft des Fräulein Zethmeyer hab ich gern das Weite gesucht und Gott sei Dank meistens auch gefunden. Wenn nicht, hat mich unsere Schneiderin stets aufgespürt und mit den Worten »Geh halt her, mei Klausala« sehr fest an sich und ihr verhältnismäßig großes Herz gedrückt, dass es mir vor lauter Damenbartkitzeln im Gesicht immer ganz schwummrig geworden ist. Gemocht hab ich es schon, das Fräulein Zethmeyer, aber nur aus respektvoller Entfernung, wenn ich ihr im Wohnzimmer beim steten Auf- und Abwippen des Pedals von der alten Singer-Nähmaschine zugeschaut hab. Vom weiblichen Geschlecht hab ich damals nicht viel wissen wollen, außer es, das jeweilige weibliche Geschlecht, hat Fußballspielen oder das Erretten eines Nichtschwimmer-Deppen wie mich vor dem Tod durch Ertrinken im Bombentrichter beherrscht. Einmal, während der Mögeldorfer Kirchweih, ist mir dieses weibliche Geschlecht in noch völlig unbekannter Form nähergetreten – ein mir völlig fremdes Mädchen ist ständig hinter mir hergelaufen, hat mich

schließlich eingeholt und unter extremer Gesichtserrötung mitgeteilt, sie solle mir einen schönen Gruß ausrichten von ihrer Freundin namens Habichvergessen, und ob ich mit ihr, der Habichvergessen, gehen will. Ich hab geantwortet: »Nein.« Und die Angelegenheit mit dem anderen Geschlecht war dann vorläufig erledigt. Nachläufig, zumindest für die nächsten drei, vier Jahre, auch.

Mein Dasein als Nichtschwimmer-Depp hab ich dann nicht mehr lang fristen müssen. Die Vervollkommnung des mich immer nur für einige Sekunden über Wasser haltenden Hundstrapp ist mir im schönsten und glücklicherweise inzwischen unter Denkmalschutz stehenden Gewässer nähergebracht worden, im, Obacht jetzt, kompletter Ehrentitel: im Ludwig-Donau-Main-Kanal. Nicht zu verwechseln mit dem nicht gerade sensibel in unsere Landschaft hineingepfefferten Main-Donau-Kanal, welcher dem Ludwig-Donau-Main-Restkanal niemals das Wasser reichen kann. Der eine ist fast zweihundert Jahre alt und schön und geheimnisvoll und märchenhaft, und der andere ist schön hässlich. Den einen hat man im Krieg bombardiert, sodass er anschließend zwischen Nürnberg und Bamberg leergelaufen und später eine erregt diskutierte Autobahn geworden ist, der andere schaut so aus, als hätte man die Landschaft, dieses Mal irgendwie von unten her, auch wieder bombardiert. Auf dem einen fährt manchmal ein Schubverband vielleicht nach Deggendorf, vielleicht nach Wien, vielleicht auch nach Budapest oder gar bis Belgrad, in dem anderen hab ich an der Schleuse 35 in Burgthann teils das Schwimmen, teils schon wieder das andere Geschlecht, in dem Fall jetzt ein bisschen genauer, studieren müssen.

Mit jenem Burgthann verhält es sich so, dass dort, unterhalb vom alten Bahnhof, ursprünglich in einem Gartenhaus, dann Wohnhäuschen, dann altfränkischem Kalkstein-Fachwerk-

Hexenhäusla, das Fräulein Seltmann, ältere Schwester meiner Mutter, und der Oberregierungsrat Dr. Walter Klinzmann gelebt haben. Vom Schwimmen einmal ganz abgesehen hätte ich dort auch lernen können, wie sich ein Krieg auf Menschen auswirkt. Also jenen Krieg, den angeblich kein Mensch will, den aber dann, wenn er einmal da ist, fast alle, vor allem männliche Menschen durchführen, teilweise sogar mit großer Begeisterung. Der Dr. Walter Klinzmann, höherer Beamter am Nürnberger Finanzamt in der Sandstraße, ist, wie es geheißen hat, während des 1. Weltkriegs beim Einsatz in Palästina durch einen Kopfschuss erblindet. Und sein Burgthanner Alleskönner, vom Gärtner, Installateur, Maurer, Schreiner und so weiter bis hin zum Blindenbetreuer, der Emil Albert, ist im Zweiten Weltkrieg von einem Granatensplitter im Gesicht so schwer getroffen worden, dass von einem Gesicht kaum mehr die Rede sein hat können. Und zum Dritten ist der Sohn vom Dr. Walter Klinzmann gegen Ende des Zweiten Weltkriegs im Alter von achtzehn Jahren – ich benütz jetzt wieder den heldenblöden Begriff – gefallen. Mitnichten ist er gefallen, sondern jämmerlich und gottverlassen krepiert. Viel hätte ich also über den Krieg lernen können in meinem regelmäßigen Feriendomizil Burgthann. Aber beide haben lange Zeit nie ein Sterbenswörtchen erwähnt von den zwei großen Mördereien und Sterbereien zwischen den Jahren 1914 und 1945, weder der Dr. Walter Klinzmann, noch der Emil Albert.

So hab ich also im alten Ludwigskanal eines Sommernachmittags in den großen Ferien das Schwimmen gelernt, indem mich einer der Nachbarsbuben mit den Worten »Du konnst scho schwimmer, oder?« in die Schleusenkammer der Schleuse 35 geschubst hat. In der größten Not lernt man manchmal viel, unter Umständen sogar schwimmen. Und ein paar Tage später hat mir schon wieder das andere Geschlecht – dieses Mal kein Fräulein,

sondern eine Frau, und zwar die, sagen wir, die Frau W. – noch einmal das Schwimmen oder was auch immer beibringen wollen. Es ist nämlich ein sehr heißer Nachmittag gewesen, dringend nach einer Abkühlung im Kanal verlangend; aber die Frau W. hat keinen Badeanzug dabeigehabt. Kannst dir vorstellen, sie hat sich nackert in die Fluten gestürzt und mir allen verfügbaren Ernstes befohlen, ich müsse die nächsten zehn Minuten mindestens woanders hinschauen oder die Augen zumachen. Wer kann schon zehn Minuten lang die Augen zumachen, angesichts einer nackerten Frau W.? Da hast unwillkürlich Augendeckelsperre. Muss ich also gestehen: Besser als bei unserer Schneiderin, dem Fräulein Zethmeier, war es, speziell oben rum, schon.

Zur Vervollständigung des Bildes meiner soundsovielten Heimat Burgthann fehlt jetzt zum einen die Politik, zum andern die Geschichte, wie es gekommen ist, dass ich zum furchterregend kriegsversehrten Haus- und Gartenmeister Herrn Albert auf einmal »Emil« und »du« und zum noch schlimmer kriegsversehrten Herrn Oberregierungsrat Dr. Klinzmann »Onkel Walter« hab sagen dürfen. Ich vergess meine Ankündigung nicht, aber zuerst noch die irgendwie und höchstwahrscheinlich berufsvorbereitende Sache mit dem alten Burgthanner Bahnhof, wo noch eine Dampflokomotive, genannt der Bockl, zwischen Allersberg und Burgthann jeden Tag mehrmals hin- und hergeschnauft ist. War auch interessant, aber zehn Mal interessanter der Bahnhofswartesaal mit kleiner Restauration – also Verkauf von Worschdweggla, Bier, Schnaps, Brezen und Zigaretten, Himbeerbonbons und vielen anderen schönen Lebensmitteln. Gewartet hat dort kaum jemand in dem Wartesaal, vielmehr hat sich dort fast jeden Spätnachmittag eine Gruppe Burgthanner Tratsch- und Gerüchtebotschafter versammelt. Okzidentale Märchenerzähler. Und ungefähr zur gleichen Zeit bin ich jeden Nachmittag den Bahn-

hofsbuckel hinaufgepilgert, um die Finanzamtsekretärin, meine Tante Alma, und ihren Chef, den Herrn Dr. Walter Klinzmann, späteren Onkel Walter, vom Zug aus Nürnberg abzuholen. Hab ich mich erst mit dem dunkelhäutigen, weil rußverschmierten Lokomotivführer vom Allersberger Bockl rein dampfmaschinen-fachlich unterhalten, um mich dann begierig lauschend dem ganz anderen Dampf im Bahnhofswartesaal 2. Klasse zu widmen – den Unterhaltungen der Erwachsenen. Schwüle Geschichten aus Tau-sendundeiner Burgthanner Nacht, die, wenn das Spitzen meiner Ohren bemerkt worden ist, immer leiser geworden sind, sehr ge-dämpfter Dampf & Krampf, aber gerade noch hörbar. Ich könn-te ganze Schulhefte vollschreiben mit haarsträubenden örtlichen Begebenheiten, wenn ich sie nicht vergessen hätt. Und wenn du in sehr jungen Jahren spürst, wie das funktioniert – merkwürdige Gerüchte, Halb-, Viertel- und Achtelwahrheiten belauschen und wie auch immer verarbeiten – was willst denn dann später einmal anderes werden als ein *8-Uhr-Blatt*-Reporter?

Was jetzt die beste der drei nachmittäglichen Beschäftigungen war, die berufsbildenden Abhöraffären in der Bahnhofstränke, die Zwiegespräche mit dem Lokomotivführer oder das Abholen meiner vorübergehenden Erziehungsberechtigten, ist schwer zu sagen – von allem wahrscheinlich ein Drittel, überschlägig also insgesamt drei gleichberechtigte Drittel, die sich jeweils zu schö-nen, ganzen Spätsommernachmittagen zusammengefügt haben. Wenn auch ohne jeglichen Fußball. Und eines Tages hat man mir eröffnet: Nächste Woche heiratet die Tante Alma den Dr. Walter Klinzmann, und dann darfst du zum Oberregierungsrat in Zu-kunft »Onkel Walter« sagen. Und die Milchhändlerin ein Haus weiter, die Frau Perl, hat von da an das ehemalige Fräulein Selt-mann mit der Anrede »Grüß Gott, Frau Doktor Klinzmann« sehr respektvoll willkommen geheißen. Auch sind unsere Gespräche

innerhalb der frisch gegründeten Kleinfamilie deutlich vertrauter geworden. So vertraut, dass mir die Tante Alma mehrmals zu bedenken gegeben hat, die tausend beziehungsweise zwölf Jahre unter dem Massenmörder Adolf Hitler seien so schlimm, wie es jetzt oft heißt, auch nicht gewesen. Was auch der Onkel Walter bestätigt hat. Muss man sich einmal vorstellen, wenn man es kann: Du verlierst deinen gerade 18 Jahre alt gewordenen Sohn im Krieg und hältst die damit ursächlich zusammenhängenden Verbrechen eines Herrn Hitler für eine einigermaßen akzeptable Angelegenheit. Ein Trost, wenn auch ein schwacher: Der neue Onkel Walter ist da mit seiner Haltung wahrlich nicht allein gewesen. Eine Ausnahme hat das Burgthanner Faktotum, der Emil Albert mit dem zerschossenen Gesicht, gebildet. Meistens hat er mit mir aus Baumrinde Kanalschiffla geschnitzt, aus Haselnussstecken kleine, wohlklingende Pfeifen oder Pfeil und Bogen. Wie ich zu ihm gesagt hab »Herr Albert, Pfeil und Bogen kann ich gut brauchen, wenn ich auf dem Kriegspfad bin«, da hat er mir zwei kurze Sätze mit auf denselben gegeben. Erster Satz: »Brauchst nicht dauernd ›Herr Albert‹ zu mir sagen, ich bin der Emil.« Zweiter Satz: »Den Kriegspfad kannst dir ans Bein schmieren. Die größte Scheiße, die es auf der Welt gibt, das ist der Krieg.« Heutzutage vergess ich leicht was, aber die beiden Sätze hab ich mir gemerkt. Vor allem den zweiten.

Noch eine gute Lebensweisheit hätte ich in Burgthann lernen können – dass es womöglich einen Unterschied gibt zwischen Lust und Liebe. Oder so gesagt: zwischen der Frau W. und ihrem Schließbefehl für meine Augen und dem Fräulein Pöschel. Dieses Fräulein Pöschel hat von irgendwoher ganz weit weg gestammt und ist auf ihrer Flucht in Burgthann als Köchin und Mädchen für alles Übrige gelandet. Wenn ich nicht gerade den blinden Onkel Walter an der Hand durch sein riesengroßes Grundstück geführt

oder mit dem Emil Rindenschiffla geschnitzt hab oder beim Schwarzangeln am Alten Kanal gewesen bin oder beim Lauschangriff in der Bahnhofswirtschaft oder beim Schwarzbeerzupfn oder eine Mutprobe im finsteren Mühlbachtunnel unter dem Ludwigskanal bewältigt hab – dann bin ich stets um das Fräulein Pöschel in der Küche umeinander geschlichen, so nah wie möglich. Einmal hab ich mich sogar auf die Zehenspitzen gestellt und wie unabsichtlich meinen Arm um sie gelegt. Es hat sich angefühlt wie ... ungefähr wie die Sache damals in der ersten Volksschulklasse beim Fräulein Roth. Aber jetzt war ich ja schon zwei oder gar drei Jahre älter. Und immer noch nicht alt genug. Das Fräulein Pöschel hat meinen Arm ganz fürsorglich und vorsichtig, wie wenn es sich bei einem Kinderarm um was sehr Zerbrechliches handelt, wieder von ihrer Schulter genommen und dazu gesagt, dass sie doch fast zwanzig Jahre älter ist als ich und mich höchstwahrscheinlich nicht heiraten kann. Ich weiß heute noch, was sie damals angehabt hat – eine aus Hasenfellen zusammengenähte Jacke. Viele Jahre später ist sie nach Regensburg gezogen und unverheiratet geblieben. Hat mir die Tante Alma erzählt. Das kalksteinerne Fachwerkhexenhäuschen in Burgthann steht immer noch dort, wo es ungefähr vor siebzig oder achtzig Jahren hingemauert worden ist, womöglich vom Emil. Und im Grundstein, unterm Keller, könnte vielleicht das Geheimnis eingemörtelt sein, bestehend aus der Frage: Kann man eine Tante und einen späten Onkel mögen, deren beider Träume, wenigstens eine Zeit lang, daraus bestanden haben, dass sich das Land wieder bräunlich einfärbt? Man kann, aber es ist mir in späteren Jahren sehr schwergefallen, und abgesehen davon: Ganz ohne die Feigheit, einige Fragen halt einfach nicht zu stellen, wär es sowieso nicht gegangen.

Und der alte Bahnhof mit den nachmittäglichen Flüsterparolen, dem Bier- und Schnapsausschank und meinem Horchpos-

ten? Kann sich jeder denken: Abgerissen und einfühlsam ersetzt durch einen Glaskasten, in dem gelegentlich Menschen drinsitzen und auf die S-Bahn warten und kein einziges Wort reden, vermutlich nicht einmal ein Wort denken. Manchmal schauen sie hinauf zum Himmel, wo das Loch sein könnte, durch das der Lokomotivführer vom Allersberger Bockl seinerzeit ins Paradies abgedampft ist. Und manchmal hat der Onkel Walter, trotz seiner Blindheit, Gedichte geschrieben.

○○○

Mit der Mutter ins Schlaraffenland

Am Ende der großen Ferien war ich dann wieder im anderen Daheim, in Mögeldorf. Mit der Straßenbahn nicht einmal eine Viertelstunde weit weg hat es eine schöne Abgabestelle für die Sorgen meiner Mutter gegeben: die Stadt. Im Großen, allerdings nicht mehr im Ganzen bestehend aus der Königs- und der Karolinenstraße. Dazu noch die Brunnen- und die Sterngasse. Was man heutzutage »Shopping« nennt, hat damals, vonseiten der Mutter, folgendermaßen geheißen: »Wasch dich, kämm dir die Haare und zieh frische Strümpf an, wir gehn in die Stadt.« Danach haben sich dann die so ziemlich schönsten Stunden meines Kinderlebens ereignet, vom Morlock-Dasein einmal abgesehen. Mit der Straßenbahn, Linie drei, bis zum Hauptbahnhof, und dann ab ins Schlaraffenland, welches aus zwei Stationen bestanden hat – aus dem kleinsten Kaffeehäuslein der Stadt, dem *Café Heimbach* in der Vorderen Sterngasse, und um die Mittagszeit aus dem *Bratwurst-Herzle* in der Brunnengasse. Also erst eine Marzipankartoffel und einen Humpen Kakao, dann Sechs mit Kraut

und ein »Windsheimer«, manchem vielleicht eher unter dem offiziellen Namen *Nawinta* bekannt. Und zwischen den Original Nürnberger Köstlichkeiten gemäß dem wunderbaren Werbespruch »Und nun – zu Gebhardt & Kuhn« einige Abstecher in die städtische Haute Couture, zum Kleiderladen Gebhardt & Kuhn, zum Onkel Hans, Schuhhaus Salamander oder, Höhepunkt, ins Sporthaus Riemke und Schaufensterbesichtigung des besten Kleidungsstücks der Welt, dem weinroten und im Halsausschnitt geschnürten Club-Trikot. Ein noch besserer Höhepunkt hat sich nur in meiner Kinderseele gebildet – weil die Mutter während dieser Ausflüge ins innerstädtische Paradies niemals schlecht gelaunt war. Einmal hab ich im *Café Heimbach* sogar *zwei* Marzipankartoffeln verdrücken dürfen. Und zu allem Überfluss ist es eines Tages nicht beim Nasenplattdrücken am Schaufenster des Sportgeschäfts Riemke geblieben, sondern ich hab an der Hand meiner Mutter den Sehnsuchtsladen in der Karolinenstraße eigenfüßig betreten und bin vor der Wahl gestanden: weinrotes Club-Trikot, schwarz-weiß-rote Club-Stutzen oder Knieschützer. Warum ich Depp, der ich doch eigentlich der Morlock war und nicht der Torhüter Edi Schaffer, warum ich also die Knieschützer genommen hab, weiß ich auch nicht.

»Bember« ist ein saublödes Wort. Seine Herkunft kennt niemand. Den Schmidts Peter, genannt Bember, haben wir schon gehabt. Er ist wahrhaftig nicht der einzige Peter in und um Nürnberg rum, der zeit seines Lebens dann Bember oder auch Bembers geheißen hat, und es liegt nahe, dass die jeweiligen Eltern und deren vornamenssprachliche Liebkosungen schuld sind an der Bemberisierung ihrer Kinder. Noch blöder wird's bei der weiteren Verkleinerung vom Bember, welche hierorts lautet: »Bemberla«, hochdeutsch »Bemberlein«. Bei diesen Bemberla hat es sich um die Exkrementisierung der Hinterlassenschaften von Schafen gehandelt, also um Schafscheiße. An jenen Schafbemberla ist auf unserer Mögeldorfer Fußballwiese wahrlich kein Mangel gewesen. War es da ein Wunder, dass zum Beispiel der Doppelpass lange Zeit im Dunkel der Fußballgeschichte geruht hat? Einen einfachen Pass spielen – kein Problem, aber zentimetergenau passen, blitzschnell weiterrennen und den folgenden Kurzpass sauber, quasi samtenen Innenrists in Empfang nehmen? Infolge der Schafbemberla unmöglich, spätestens beim Blitzschnellweiterrennen bist ausgerutscht und schon voll in der Scheiße gelandet. Und wo bin ich gelandet? Wie Hunderte von Nächten geträumt beim 1. FC Nürnberg. Fragt sich nur in welcher Sportart.

An einem Herbstnachmittag ist also der bereits erwähnte Wolfi Emmert aus der Blütenstraße in unserem Schafbemberlastadion im Heldengewand erschienen: weinrotes Trikot, am Halsausschnitt schön geschnürt und da, wo drunter das Herz

schlägt (links, wie schon der Dichter Leonhard Frank gewusst hat), eine Zahl, ein Punkt und drei magische Buchstaben: 1. FCN. Und hat mich angesichts des in mir unverkennbar aufschwellenden Neidanfalls gefragt: »Gehst mit? Nächsten Donnerstag Schülertraining beim Club.« Die paar Tage bis zum nächsten Donnerstag – eine halbe Ewigkeit, wenn nicht fast eine ganze. Und wo ich dann – bereits mit dem sündhaft teuren weinroten Trikot vom Riemke ausstaffiert – am nächsten Donnerstag gelandet bin, das glaubst du nicht: beim Schülertraining vom Herrn Adolf Bernhard, und zwar mitnichten auf einem Fußballplatz, sondern bei der Handballabteilung des 1. FC Nürnberg. Ich, der ballsicherste Mögeldorfer Morlock, mit einer mehr oder weniger lichten Gesamthöhe von damals einem Meter vierzig, mit keinerlei Handfertigkeit ausgestattet, dafür mit einer gottserbärmlichen Wurfkraft – ausgerechnet ich lande bei den Club-Handballern. Hätte mir der Wolfi Emmert gesagt, wo dieser in Aussicht gestellte, sehnlichst erwartete nächste Donnerstag in Wirklichkeit stattfindet, ich hätt ihn zehn Mal am Stück aufgeschwanzt, dass er von einem Schafbemberla zum anderen gerutscht wär, und hätt ihn anschließend gefragt, ob er noch alle Schnerbfl in der Seele hat mit seinem Schülertraining bei den Handballern. Man kann ohne Weiteres ahnen, dass es seit jenem Tipp-Topp samt dem vergessenen Schrei »Ich bin der Morlock!« mit mir stetig abwärts gegangen ist. Nicht nur sportlich. Wer den Morlock-Ruf einmal vergisst, den kannst für die nächste Zukunft löschen. Mit vollem Recht. Statt Knieschützer hätt ich mir damals von der Mutter beim Riemke Hirnschützer kaufen lassen sollen.

Unbedingt muss ich jetzt eine Spur ausführlicher den Riemke einfließen lassen. In früheren Jahren, lang vor der Eröffnung seines in jeder Hinsicht erhabenen Sportgeschäfts in der Karo-

linenstraße, war der Riemke, klar, weiß jeder uralte Randstein-
Kicker, unter anderem Club-Torwart. Ob ein Stuhlfauth-artiger
sei einmal dahingestellt. Hin und wieder auch Trainer oder
Vize-Vorstand oder was weiß ich. Aber mit einer Karriere, Herr-
schaften, da ist eine Achterbahn am Volksfest eine matte Angelegenheit dagegen. Beinah eine endlose Litanei: Fortuna Leipzig,
VfB Leipzig, TSV 1860 München, FC Lausanne, FC Basel,
SpVgg Fürth, 1. Fußballclub Nürnberg und so weiter und so weiter. Die interessanteste Niederlagen-Erklärung vom Riemke, von
der sogar heutige Flachpass-Professoren noch lernen könnten,
hab ich als Aushilfsreporter beim *8-Uhr-Blatt* selber in meinen
Notizblock hineinkritzeln dürfen. Nach einer 3:8-Niederlage
des Club in Mönchengladbach und der vorab verkündeten Kon-
zept-Ansage, dass der Club endlich wieder einmal mit mindestens fünf Mann stürmen muss, ist dem Trainer Riemke folgende
rhetorische Frage eingefallen: »Meine Herren, auf Ihr Gemecker
frage ich nur – wann hat der Club das letzte Mal auswärts drei
Tore geschossen?« Da musst erst einmal draufkommen, wenn du
in Gladbach acht Gegentore fassen hast dürfen.

Selbst wenn ich bei uns im Schafscheiß-Stadion einmal das
Tor, meistens bestehend aus zwei Hemden oder Jacken oder
Haselnussstecken, hätte hüten müssen – auf die Idee, nach dem
Dibb-Dobb zu brüllen »Ich bin fei edz der Riemke!«, wäre ich
nie im Leben gekommen. Und ein Stuhlfauth hab ich auch nie
sein wollen. Auch wenn er vielleicht der allerallerallerlegen-
därste Torwart beim Club gewesen ist. Und frühzeitig NSDAP-
Mitglied.

Noch legendärer als seine Fangkünste und seine im Club-Museum
ruhende Torwartmütze ist dem Stuhlfauth sein extrem selten-
heitswerter Spruch gewesen, mit dem sie sich heute noch im

Stadion bei jedem Heimspiel ein lautsprecherdröhnendes gutes Gewissen machen: »Es ist eine Ehre, für diese Stadt, diesen Verein und die Bewohner Nürnbergs zu spielen ...« und so weiter und so weiter mit dem schwülstigen Geschmorgel. Kann ja sein, dass der Herr Heiner Stuhlfauth den von wem auch immer erfundenen Satz selber geglaubt hat. Aber den Fußballer möchte ich gern einmal sehen, der für die Ehre, für die Stadt und deren Bewohner spielt. Fragst einmal den Messi oder den Neymar oder sonst einen Fußball spielenden Zugvogel, wie viele Stellen vorm Komma ihre Ehre hat. Und selbst der sesshafte Max Morlock, der in seinem langen Fußballerdasein nur einmal umgezogen ist – von Zabo nach Zabo, also Zabo Eintracht und dann tausend Meter Luftlinie weiter zum 1. FCN – selbst ein Max Morlock wird für wen gespielt haben? Genau! Für sich. Bei aller gebotenen Mannschaftsdienlichkeit, die ja auch im außerfußballerischen Leben eher selten vorkommt. Und ich wiederhol es noch einmal, damit es die Sprücheklopfer nicht vergessen: Man spielt nicht für irgendeine städtische Ehre, die es überhaupt nicht gibt, sondern für sich und seine Seele.

Erfahren hab ich es damals nicht, erst viel später, dass mein heiliger Morlock einmal in Versuchung geraten ist, nicht nur für sich zu spielen, sondern auch für unser wichtigstes Schmiermittel und Lebenselixier und göttliches Wesen, für einen Mammon. Und zwar für sehr viele Mammone: ungefähr sechzig- oder siebzigtausend D-Mark allein als Handgeld zuzüglich eines Monatsgehaltes, dass er sich halb Zerzabelshof dafür hätte kaufen können. In Florenz haben sie ihn unbedingt haben wollen, dann in Bergamo und danach in Spanien. Aber er, obwohl sehr unmusikalisch, hat den internationalen Menschenhändlern was gepfiffen. Kommentiert hat er es mir später auf meine blöde Fragerei ungefähr so: »Wennsd in Zabo dahamm bist – wos sollin dann

in Italien oder Spanien? Gwiss nachts dauernd ins Kopfkissn neigreiner vor lauter Heimweh?« So geschmeidig der Satz des Heiner Stuhlfauth von der Ehre und den ganzen anderen Angeblichkeiten für die sich manchmal gern in die eigene Tasche lügende Nachwelt auch gewesen sein mag – die zwei sehr einfachen Antwortsätze vom Morlock gefallen mir heut noch hundert Mal besser. Genauer gesagt hunderttausend Mal. Altmodisch, wie ich bin, beziehungsweise geworden bin.

Jetzt noch einmal was zu meiner Vertrautheit mit dem wahrhaft besten Nürnberger Fußballer überhaupt. Das ist ausgerechnet während meiner ziemlich verunglückten Karriere als Handballer passiert. Ich hab nach einer Abteilungssitzung im Nebenzimmer vom alten Club-Haus für irgendeinen gehfaulen Schluckspecht eine Maß Bier an der Theke holen sollen. Und wer ist mir dort am Ausschank im Weg gestanden? Kannst dir denken, der leibhaftige Max Morlock. Vor Ehrfurcht fast zum Torpfosten erstarrt hab ich gerade noch stottern können: »Ent... Entschuldigen S', Herr, äh, Herr Ding, Herr Morlock, darf ich gschwind vorbei?« Darauf der Herr Morlock: »Wos bisdn du? Fußballer?« – »Naa, Herr Morlock. Leider, äh, leider Handballer.« Der Morlock: »Is worschd, Hauptsach bam Club.« Dann hat er mich zur Theke vorgelassen, mir seinen Arm auf die Schulter gelegt und gesagt: »Bou, den ›Herrn Morlock‹ konnsd wechlassn in Zukunft. Ich bin der Max.« Wenn das kein Ritterschlag gewesen ist, dann weiß ich auch nicht, was ein Ritterschlag ist. Zehn Jahre war ich damals alt und schon ein Ritter, wenn auch einer von der bekannten traurigen Gestalt. Fußballer hätt ich werden sollen, ich Volldepp.

Zwei Jahre zuvor, 1950 im Herbst, ist der Seltmanns-Opa gestorben. Wenn es einen Plural von dem Wort Herbst gäbe, würde ich

hinschreiben: Herbste sind für mich oft sehr folgenschwer gewesen. Weil: In den Herbsten starten immer Institutionen mit ihren vielfältigen Belehrungen, die mich ungefähr so stark interessiert haben, wie wenn irgendwo im Weltall bei einem Jupiter-Mond oder sonst einem Planeten B die Umlaufbahn eiert. Also Schulbeginn. Im Herbst 1950 hat sich die Folgenschwere noch in Grenzen gehalten. Der Tod vom Großvater? Was ein Tod ist – wie soll denn ein Kind davon schon eine Ahnung haben, in einer Zeit, wo das Leben noch unendlich lang ist? Da geistert in meinen breit angelegten Gedächtnislücken lediglich rum, dass dem Opa sein lang von ihm gehütetes Krankenbett im Parterre leer gewesen ist, wie ich von der Schule heimgekommen bin, das Mittagessen ist ausgefallen, die Bettwäsche war abgezogen, alle Fenster im Zimmer weit geöffnet. Damit die Seele hinauskann, hat es geheißen. Und die Seltmanns-Oma hat zu mir gesagt: »Heut früh, wie der Opa gestorben ist, hat die Standuhr im Wohnzimmer aufgehört zu schlagen.« Mehr weiß ich nicht mehr. Höchstens weiß ich noch meine treulosen Gedanken: Hätt halt jemand die Standuhr aufgezogen, dann wär der Opa noch am Leben. Die Standuhr vom Seltmanns-Opa steht heute in unserem Wohnzimmer, und extrem selten vergess ich, sie rechtzeitig wieder aufzuziehen. Denn ewig leben, das hängt uns ja allen manchmal ein bisschen raus. Und eine Zeit lang wenigstens bist sogar fest überzeugt, dass alle Menschen einmal sterben, alle, außer dir.

11 DIE BEFEHLSVERWEIGERUNG

Zeit meines Lebens bin ich ein äußerst tapferer, unerschrockenster Jein-Sager gewesen. Die von allen Denkern sehr geschätzte Kunst, klipp und klar »Nein« zu sagen – die Kunst geht mir vollständig ab. Man kommt so schon auch durchs Leben, aber nicht selten auch in Teufels Küche. Natürlich zu Recht. Ein einziges Mal hab ich es während meiner Kindheit ohne das ständige »Ja vielleicht oder lieber nicht beziehungsweise unter Umständen doch oder wie oder was oder warum« probiert. Und zwar mit Erfolg. So ungefähr in der Zeit der vierten und letzten Klasse Thusnelda-Schule haben mir als Ältestem ihrer vier Kinder die Eltern eröffnet, dass es demnächst ein Ende hat – mit Mögeldorf, mit der Farnstraße 38, mit den Ziegelstein-Besuchen, Fußball, Freunden, Schmausenbuck, Zabo. Abschied aus meinem Paradies. Den Grund, warum wir demnächst mit Sack und Pack und womöglich mit einem Überseekoffer voller Heimweh nach Stuttgart übersiedeln sollen, haben sie mir vorsichtshalber nicht gesagt. Heute weiß ich: Unser Vater hat mit seinen Spekulationen aller Art wieder einmal voll danebengelangt. Und in Stuttgart, hat mir die Mutter erzählt, da könnten sie sich beide wieder eine soundsovielte Existenz aufbauen. Als Mitarbeiter eines großen Fotogeschäftes. Alternativen dazu gebe es nicht, es sei sowieso schon alles vertraglich geregelt. Und sie möchten uns Kinder unter fast allen Umständen mitnehmen in dieses Stuttgart, das für mich so fern gewesen ist. Keinesfalls wie der Mond, sondern noch viel, viel ferner. Praktisch unendlich fern. Aber Lichtstreif am finstersten Baden-Württemberger Horizont:

Ich sei das Zünglein an der Waage. Käme ich dem Fluchtbefehl nach, dann gelte es auch für meine Geschwister. Hätte ich aber gute Gründe fürs Hierbleiben und sage »Nein«, dann blieben meine zwei Schwestern und der kleine Bruder auch in Nürnberg. Ich gestehe nicht ganz ohne Reue, dass mich das Schicksal der anderen drei damals nicht sonderlich interessiert hat. Kennst ja das Innenleben der Geschwister nicht immer so ganz genau. Womöglich, hab ich mir gedacht, schlummert in ihnen kein sehnlichster Wunsch als der, so bald wie irgendwie möglich in dieses großstädtische Juwel namens Stuttgart umzuziehen. Aber für mich sind sie in dem kurzen Augenblick meiner Tätigkeit als Zünglein an der Waage alle aufgetaucht: der Wulf I und II, der Wolfi, der Fiffi, die zwei Ursel, der Prechtel, der Heinzi, der Muffers, der Gaze, der Rudi. Der Max Morlock. Eine Heimat besteht ja schließlich nicht nur aus etwaigen Wiesen und Wäldern, Häusern und Straßen, Himmel und Erde, Fußball und Versteckerlens, sondern aus Menschen. Da bin ich schon sicher, vor allem aus Menschen. Und die soll ich dann von heut auf morgen verlassen? Womöglich für immer? Nein, hat meine Mutter gesagt, in einem Jahr gehen wir wieder heim. Ist jemand schon einmal über seinen Schatten gesprungen? Schwierigste Übung! Zumal für mich Jein-Sager. Im Wohnzimmer bin ich vor meiner Mutter gestanden, weiß ich noch genau, und hab mit zittriger, aber dennoch gut hörbarer Stimme gesagt: »Nein. Ich geh nicht nach Stuttgart. Ich bleib da.« Wenn die Not am Fensterbrettla hockt ... sagt man in Nürnberg. Bei uns ist sie anscheinend schon länger und hartnäckig am Fensterbrettla g'hockt. Und es ist dabei geblieben: Die Eltern sind kurz nach meiner Entscheidung nach Stuttgart umgezogen, zum Geldverdienen. Und wir vier Kinder sind auf zwei Heimaten verteilt worden. Unser kleiner Bruder und die jüngere Schwester nach Ziegelstein zur Tante So-

fie und zum Onkel Robert, meine ältere Schwester und ich, das Zünglein an der Waage, sind weiter in Mögeldorf geblieben, unter der Obhut von der Seltmanns-Oma. Hab ich auch schriftlich, denn in dem Kästchen des Zeugnisses der vierten Klasse für die Unterschrift »des/der Erziehungsberechtigten« steht: »i. V. Betty Seltmann«.

Wie durch ein Wunder hab ich in der Thusnelda-Schule in den Zeugnissen dauernd Einser und Zweier gehabt, beim Fräulein Roth hat das Wunder womöglich aus Hingabe bestanden und den schon besprochenen Maikäfern im Bauch, beim Lehrer Kastner aus Angst vorm Rohrstock. Und dann nach der vierten Klasse Volksschule noch ein viel größeres Wunder: Zusammen mit dem bereits erwähnten Gerhard Prechtel die Aufnahmeprüfung ins Realgymnasium bestanden. Von da an haben die Herbste angefangen, bedenklich zu werden. Die erste Lateinarbeit beim Referendar Bittner ist oben rechts mit einem Dreier ausgezeichnet gewesen, seit vier Jahren meine schlechteste Note. Da hab ich aber noch nicht geahnt, dass die Notenskala auch viel höher reichen kann. Beziehungsweise tiefer, weil ein Abgrund ist ja nicht hoch, sondern tief, manchmal sogar bodenlos. Aber die Freundschaft mit dem Gerhard Prechtel, der auch keine schulische Leuchte war und eine fußballerische schon gleich gar nicht, diese auf wenige Jahre begrenzte Freundschaft war schön, nützlich und lehrreich. Nämlich hat der Zahnarztsohn, der drei Häuser weiter im schön verschnörkelten Prachtpalast der Frau Frühwald gewohnt hat, zwei Vorzüge in sich vereint. Zum einen hat er einen älteren Bruder namens Günther gehabt, der mathematisch sehr beschlagen war und uns das Bruchrechnen beigebracht hat. Beispielsweise hab ich mathematischer Volldepp nicht gewusst, was ein Viertel sein soll. Mittels eines Apfels und des Aufteilens desselben mit dem Taschenmesser in vier Viertel

hat es mir der Günther beigebracht. Zum anderen und noch viel Besseren ist der Großvater vom Gerhard Bäckermeister gewesen und Inhaber einer wunderbaren Bäckerei in der Lorenzer Altstadt am Eck Hintere und Vordere Sterngasse. Die Spezialität der *Bäckerei Prechtel*: Nussecken ohne Ende und – komplett kostenlos.

Wenn du vormittags in dieser Eintrichterungsanstalt von Realgymnasium zum Beispiel eine Vier minus, einen Fünfer oder Sechser in Empfang nehmen hast müssen – ein besseres Trostpflaster als drei bis vier, wenn nicht sogar fünf kostenlose Nussecken auf der Eckbank im Wohnzimmer gleich neben der nach allen Herrlichkeiten duftenden Backstube hab ich mir nicht vorstellen können. Der Prechtel hat die Bäckereibesuche bei den Großeltern schon dosiert, aber ungefähr alle zwei Wochen hab ich mit dem besten Mittagessen der Welt durchaus rechnen kön-nen. Und eine Stunde später oder zwei die Mutter damit, dass ich die schlimmste Mahlzeit der Welt, Spinat mit Kartoffeln und Spiegelei, nicht ums Verreckn nunterwürgen hab wollen. Nicht einmal nach dem mütterlichen Befehl: »Du bleibst jetzt so lang am Tisch hockn, bis der Teller leer ist.« In dem Fall muss man halt zaubern können: einen Mund voll Spinat nehmen, Nase zu-halten, auf den Abort wetzen und alles in die Kloschüssel spot-zen.

Weil ich grad das Spotzen erwähn oder auch Spucken, wie man vielleicht jenseits unserer Sprachgrenzen sagt: Zwei andere inte-ressante Beschäftigungen hat der Prechtel beherrscht wie sonst niemand bei uns. Beim Gehen und Stehen und sogar beim nicht besonders kunstvollen Fußballspielen das unablässige Spotzen und seine einmalige Pantomime als Lenker einer Straßenbahn. Wenn es an der Ecke Farnstraße/Eichenstraße wie aus voll-kommen oberleitungsfreiem Himmel unversehens geschallt hat

»Eeeeeeeeng, Eeeeeeeng, Bimbimbim« und dir zusätzlich ein Drümmer Kuddala um die Ohren geflogen ist – das war dann der straßenbahnfahrende, läutende und stets aus vollem Hals spotzende Prechtel. So ist es halt im Leben: Der eine spielt für sein Leben gern Fußball, der andere Straßenbahn und Spotzen, weil er nicht Fußball spielen kann. Noch ein Pech hat der Gerhard Prechtel gehabt, indem er nämlich einige Jahre lang die Buchstaben »F« und »R«, wenn sie aufeinander gefolgt sind, nicht richtig aussprechen hat können. Zum Beispiel statt »Fräulein« hat er immer »Sräulein« gesagt. Was sich bei der Hausbesitzerin Frühwald sehr ungünstig ausgewirkt hat. Beinah hätte die Sache rechtsanwaltlich geendet – wie er imaginär straßenbahnfahrend, »bimbimbim«-läutend und spotzend durch den Vorgarten gerattert ist und die Hausbesitzerin Frau Frühwald mit den Worten »Grüß Gott, Srau Srühwald« umkurvt hat. Stein und Bein hat die Srau Srühwald danach geschworen, der Prechtel habe sie, »bimmbimmbimm« schreiend, nicht nur fast über den Haufen gerannt und um ein Haar angespuckt, sondern sie auch noch als Sau beschimpft. Es ist dann aber doch gütlich geklärt worden, dass es einen großen Unterschied macht, ob man zu jemandem Sau sagt oder aber Srau.

12 Am Idioteneck

Dass man als Kind keinen Zeitbegriff hat, ist nicht nur eine wunderbare Einrichtung, sondern das In-den-Tag-hinein-leben ist wahrlich die einzige Pflicht, die man auf der Welt, wenn man jetzt schon einmal da ist, haben und möglichst lang sorgfältigst pflegen sollte. Um halb zwei musst von der Schule daheim sein – dass ich nicht lach. Was soll man daheim um halb zwei, wenn ein Spinat auf dich wartet, drei Esslöffel voll Lebertran und eine Stunde lang Vokabeln abhören, und bis du dich versiehst, senkt sich hinter Gleißhammer schon die Dämmerung hernieder, zusammen mit dem Bodennebel, und der Mond geht auf. Oder der Nachtgieger und mit ihm die Angst. Da hilft doch nur eine Handvoll Sand mitten hinein ins Räderwerk der Erwachsenen ihren Zeitmaschinen. Und so hab ich mein helllichtes, komplett zeitloses und an die Unendlichkeit gemahnendes Viereck über alles geschätzt – bestehend aus: Hauptbahnhof, *Regina-Kino,* Eisdiele, Königstorturm. Wenn grad nicht Nussecken-Tag war, dann halt grenzenloser Freiheitstag. Mit der Straßenbahnlinie Nummer 16 zum Rathenauplatz, weiter mit der Linie 21, hierorts Aanerzwanzger genannt, zum Bahnhofsplatz. Wer für dieses schönste Idyll der Stadt den Namen »Idioteneck« erfunden hat, der muss ein schöner Volldepp gewesen sein. Oder eine Volldeppin, kann auch sein. Denn was Besseres als jenes Idioteneck, abgeleitet vermutlich von den sich dort zusammenrottenden Fünfer- und Sechser-Abonnenten, hast du dir nicht vorstellen können. Einser-Schüler und spätere Beamtenlaufbahnerer haben diesen Ort der Lebensweiterbildung gemieden wie der Katechet Roth und

später der Pfarrer Kübel die Gnade vor Recht. Weil das Auf- und Abspringen während der Fahrt mit der Nürnberg-Fürther Straßenbahn, schwarz auf weiß an jeder Waggontür in Großbuchstaben schriftlich hingemahnt, strengstens verboten war, bin ich bei der Linie 21 am Rathenauplatz erst auf- und am Bahnhof abgesprungen und dann nei ins Idiotengewühl rund um ein Denkmal höchsten Ausmaßes, dem geheimnisvollen, fast zwei Meter großen, mit Drümmer Schaftstiefeln ausgestatteten *8-Uhr-Blatt*-Verkäufer. Er soll, ist oft geraunt worden, aus dem tiefsten Russland stammen, womöglich Sibirien, und außer Schlagzeilenbrüllen nicht viel gekonnt haben. Was ich schon immer bezweifelt hab. Sein stetes Lächeln, nur gelegentlich unterbrochen von einem alle fünf Minuten halb gesungenen, halb gedröhnten »*8-Uhr-Blatt!* Wer noch kein's hat, der kauft sich eins, dann hat er eins!«, sein Gleichmut selbst bei schlimmsten, hinterrücksen Gummigambel-Attacken knapp unterhalb der Dienstkappe, sein Stillstand mitten im Gewusel — für mich ein Philosoph, wie ich ihn mir besser und gescheiter nicht vorstellen hab können. Oft hat er ein *8-Uhr-Blatt* verkauft, und einmal sind ihm vor lauter Kundschaft sogar die Zeitungen ausgegangen. Dank folgendem Schlagzeilenruf: »Schweres Zugunglück bei Schwabach — acht Tote!!« Der sehr verkaufsfördernde Ausruf hat auf einer kleinen Zeitungsmeldung in jenem *8-Uhr-Blatt* gefußt, der zufolge in der Nähe von Schwabach die Eisenbahn in eine am Bahndamm weidende Schafherde gerast ist und anschließend acht Lämmer notgeschlachtet worden sind.

Statt aus Spinat und Lebertran hat das Mittagessen von uns Idioten und teilweise auch sehr wohlgestalteten Idiotinnen aus drei Kugeln Erdbeereis zum Gesamtpreis von dreißig D-Pfennig bestanden, aus einer Laugenbreze (zehn D-Pfennig) plus ein Glas Buttermilch (zehn D-Pfennig) und zum Nachtisch zwei

Schnapper aus dem Müllers Wulf seiner gut abgelutschten Sozialzigarette. Anschließend Besprechung zu allen wesentlichen Schulproblemen mit den Themen: Wie fange ich einen Verweis ab, wie fälsche ich die Unterschrift meiner Eltern, warum gibt es zur Vergeudung des Nachmittags dringlich anzufertigende Hausaufgaben, wenn man vormittags schon sechs Schulstunden erdulden hat müssen? Nicht selten ist der Nachmittag vor lauter Idioteneck sowieso schon fast vorbei gewesen. Die Verdrängung all dieser und vieler anderer, die Pflicht betreffenden Fragen hab ich wahrhaftig sehr gut beherrscht. Und wenn es manchmal nur noch zwei Stunden gewesen sind, bis das Donnerwetter in welcher Form auch immer über mich hereingebrochen ist wegen Nichterfüllung aller möglichen Pflichten – selbst diese letzte, zweistündige Galgenfrist hab ich noch in vollem Glück genossen.

Wo in einem menschlichen Körper das Organ für Pflichterfüllungen aller Art sitzt, eventuell im Hirn, weiß ich nicht. Ich weiß nur, dass ich auf diesem Körperteil eine enorm dicke Hornhaut gehabt haben muss. Und ich merke es noch einmal an: Die Mutter eines solchen gleichmutwilligen Sohnes, wie ich einer war, hätt ich, im Nachhinein gedacht, nicht um alles in der Welt sein wollen. Und der Lehrer einer derart wissenschaftlichen Vollpfeife namens Klaus Schamberger genauso wenig. Ich wär mit mir verzweifelt, hätt meinen Beruf an den Nagel gehängt und ganz schnell umgesattelt. Auf den Beruf des Steineklopfers vielleicht.

Allerdings hab ich mich in einigen Fällen schon wundern müssen, wie manche Schulkinderhasser auf die Idee gekommen sind, dass die Erfüllung ihres Lebens nur der Lehrerberuf sein kann. Wo es doch Berufe auf der Welt gibt wie Sand am Meeresstrand. Jener Herr Dr. A. zum Beispiel, der mir bei jeder Gelegenheit

prophezeit hat, meine spätere Berufung sei entschieden die des erwähnten Steineklopfers – warum ist er Studienrat geworden für die Fächer Latein, Deutsch und Geschichte? Das wissen die Götter. Die nur noch im Vatikan praktizierte Sprache Latein hat der Dr. A. nur sehr dürftig beherrscht, Deutsch überhaupt nicht, und in Geschichte hat er uns immer eine Stunde lang sehr viele, meist dreistellige Zahlen diktiert. Gelegentlich gefolgt von einem saudummen Merkspruch wie zum Beispiel: »Drei drei drei – bei Issos Keilerei«. So blödelt also ein Studienrat gewordener Mensch über einen vermutlich sehr grausamen Krieg – ein Lehrer, der uns fürs Erwachsensein präparieren soll, dem im Krieg ein Bein zerschossen worden ist und dem im Wahnsinn der ganzen Hitlerei womöglich wesentliche Teile seiner Seele abhanden gekommen sind. Wofür er vermutlich überhaupt nichts kann.

Oder ein Herr Dr. R., der uns nur sieben Jahre nach Kriegsende allen Ernstes weismachen hat wollen, Breslau sei immer noch Breslau und werde, solang er lehre und lebe, niemals Wrocław heißen. Das mögen wir uns gefälligst hinter die Löffel schreiben. Was ein Krieg aus Menschen machen kann, das mag man oft gar nicht glauben. Aber dümmer, als ich von Natur aus bin, haben sie mich in jenem Realgymnasium nicht gemacht. Es ist nämlich so, lernt man im Lauf der Schuljahre, dass es überall solche und solche gibt. Die einen solchen, also der Dr. A. und der Dr. R. und Genossen; die andern solchen – da schreib ich die Namen aus Denkmal- und Dankbarkeitsgründen gern aus – haben Alois Bittner geheißen oder einfach Schmitt, den Vornamen weiß ich leider nicht mehr. Beide ohne Dr., aber mit Herz für uns schulische Hirnheiner. Beide seh ich, wenn ich mich in meine unrühmliche Vergangenheit zurückzaubere, noch leibhaftig vor mir: Den Bittner, damals in der 1a unser Klassenleiter und noch Referendar, mit grüner Krawatte, Trachtenjanker, Güte im

Gesicht leicht ablesbar; und den Schmitt, genannt die Rennsau, in seinem farblich nicht recht bestimmbaren Zwangsanzug, senkrecht nach oben zeigenden Hemdkragenecken, einem mehr nach innen gerichteten, sehr dezenten Lächeln. Den Bittner haben wir ebenfalls in Latein, Deutsch und Geschichte gehabt, drei Jahre lang, vor dem Dr. A., und den Schmitt in meinem Lieblingsfach, in Mathematik. Zwei bis fünf Zahlen untereinanderschreiben, zusammenzählen – kein Problem. Zwei Zahlen voneinander abziehen geht auch noch. Multiplizieren im Kopf kann ich zur Not ebenfalls, je kleiner die Zahlen, desto plötzlicher. Und dann?

Dann besteht bei mir, mathematisch gesehen, alles aus Gleichungen mit sehr vielen, fast schon die Unendlichkeit berührenden Unbekannten. Und zwar die völlig unbekannten Unbekannten. Infinitesimal. Wer über die Beschaffenheit oder überhaupt die Existenz eines Schwarzen Lochs nicht genau Bescheid weiß – einfach mein Hirn einmal irgendwie röntgenologisch von innen betrachten. Dann braucht man keinen Einstein, dann weiß man, wie ein Schwarzes Loch ausschaut und wie es funktioniert: Kaum taucht irgendwo ein wenn auch noch so geringes mathematisches Problemfeld auf – bums!, ist es in meinem Schwarzen Loch von Hirn schon verschwunden. Und wennsd jetzt da als Mathelehrer Schmitt unversehens mit so einem Logik-Volltrottel konfrontiert wirst, da haut's dir doch den Vogel naus, da pfeift dein Gemüt auf dem allerletzten Loch, da fühlst du dich von allen guten Geistern verlassen, oder? Noch dazu, wenn deine Schüler die Mathematikstunden mit hochinteressanten Beiträgen anreichern wie Zehnerlas-Schnipsen in der letzten Bank, Sechsundsechzig-Karteln, mit der Bürogummigambel Papiermunition auf den Herrn Studienrat abfeuern, Schwätzen sowieso.

Wer später einmal aus der Kindheit rauswächst, der kann sich dann sehr gut vorstellen, dass so ein zur Rennsau und zum

Schulzimmer-Depp degradierter Studienrat Schmitt sich denkt, die Blödkinder mögen ihm künftig den Buckel oder was auch immer nunterrutschen.

∘∘∘

Ein Requiem für die Rennsau

»Rennsau« ist der Schmitt genannt worden, weil er immer sehr schnell gegangen ist und einmal mit den riesengroßen Winkelgeräten, Zirkeln und Lehrbüchern über Gebühr belastet im Schnellgang ausgerutscht und die frisch geölten Holztreppen im alten Realgymnasiumsgebäude unter Vorführung einiger Saltos oder Salti im freien Flug bewältigt hat. Hat jetzt also jene täglich von uns Kindern schwer malträtierte und belachte Gutmütigkeit in Person eines Tages resigniert? Sie, die Gutmütigkeit und Rennsau, hat gegen Ende eines Schuljahres, das nicht nur bei mir aufgrund einer Fünf minus in Mathematik und weiterer nebelhafter Kenntnisse in anderen Fächern großes Unheil parat gehabt hat, folgendermaßen auf unsere Grausamkeiten reagiert: Drei Wochen lang verschärftes Textaufgabentraining, bis es auch der letzte Bankdepp begriffen hat, meine Allerwenigkeit inklusive, und sodann eine derart leichte Schularbeit vorgelegt, dass zehn Einser rausgekommen sind, fünfzehn Mal die Note zwei, sehr viele Dreier sowie kein Vierer, kein Fünfer und schon gar kein Sechser. Und ich, der mathematische Oberknaller, das glaubst jetzt nicht, aber ist Tatsache, ich hab die Bestnote Eins in Empfang nehmen dürfen und bin entgegen aller Prognosen nicht durchgefallen. Lebte er noch, der Mathelehrer Schmitt, ich würde ihn heute ohne zu zögern für den Nobelpreis in Duldsamkeit, Zuneigung und unermesslicher Mitmenschlichkeit vorschlagen.

Aber heut ist es schon zu spät, wir hätten es uns früher überlegen sollen.

Beim Bittner hat es für mich nicht so glücklich begonnen, aber gut geendet. Haben wir eines Vormittags die Substantiva, neutrum, auf *-us, -oris* durchgenommen, wo mir im Vokabelverzeichnis der Landgraf-Leitschuh-Grammatik ein Wort besonders gut gefallen hat: *pectus,* Genitiv *pectoris* – die Brust. Über Brüste haben wir am Idioteneck teilweise schon ein bisschen Bescheid gewusst, und so hab ich meinem Nachbarn, dem Herbert Schönekäs, später Dr. med. und Professor, geheimnisvoll grinsend den Tipp gegeben, er möge einmal die Seite soundsoviel aufschlagen, rechts oben das erste Wort; es sei überaus interessant und zukunftsträchtig. Und wie der Schönekäs nach nervösem Umblättern ebenfalls die schriftliche Brust entdeckt hat, sind wir beide vor lauter Entdeckerfreude in ein leider bis vor zum Pult hörbares Hebbern (wie man bei uns ein glucksendes Gelächter nennt) verfallen. Hat der Studienreferendar Bittner den tieferen Grund unseres Gelächters in Erfahrung bringen wollen. Und dann grobe Gemeinheit in Tateinheit mit Hochverrat vom Schönekäs: »Ich kann nix dafür, der Schamberger war's. Der hat mir ein Wort in der Grammatik gezeigt.« – »Welches Wort?!« Der Schönekäs: »Ich glaub, *pectus.*« Kurz danach Schulglockenläuten, 13 Uhr, Unterrichtsende – aber nicht für mich: »Schamberger, du bleibst da, bis ich wiederkomm.« Und dann ist der Bittner mit mir zu Fuß bis zum Rathenauplatz gelaufen und wieder zurück und noch einmal ein Stück in Richtung Rathenauplatz und hat mir einen eindringlichen Vortrag gehalten, dass mir während der ganzen Wanderung die Tränen nur so runtergelaufen sind. Vom Inhalt der in jeglicher Hinsicht gesalzenen Moralpredigt weiß ich nix mehr, nur so viel, dass *pectus, -oris* unter anderem auch die Mutterbrust heißt und heilig ist und ich soll es mir für später merken.

Der Referendar Bittner, später Studiendirektor, aber leider niemals Oberstudiendirektor und niemals Chef meines Gruselkabinetts namens Realgymnasium – gut, einen Einser hat er mir niemals zum Schulabschluss geschenkt. So wie die unvergessene und dummerweise viel zu spät ins Herz geschlossene Rennsau. Und einen Spitznamen hat er auch nicht gehabt. Aber, hab ich schon erwähnt, außer *pectus, -oris* weiß ich immer noch viele lateinische Wörter und kann zur Not sogar ein paar jener idiotischen Selbstbeweihräucherungssätze aus Cäsars *De bello gallico* übersetzen, wenn's mir im heutigen Leben auch nicht weiterhilft.

Aber – notabene: Deutsch. Da hat er mir Ausbund an schulischer Hoffnungslosigkeit mit großer Hingabe und unter Verlust vieler Nerven und Geduldsfäden beigebracht, wie man weitgehend unfallfrei und vor allem einigermaßen lesbar deutsche Sätze hinschreibt – so lang, bis auf meinen Schulaufgaben schließlich und wahrhaftig auch einmal die Note 1 geprangt hat. Und einmal hat er meinen Freund und Banknachbar Rainer Wortmann und mich beauftragt, eine möglichst spannende Geschichte zu erfinden, sie aufzuschreiben und dann auch noch als Hörspiel vor der Klasse – versteckt hinter einer großen Wenschow-Schullandkarte – aufzuführen. Es hätte natürlich ein hochdeutscher Sprechtext sein sollen. Hochdeutsch, haben wir zwei Autoren gedacht, spricht bei uns kein Mensch, wir schon gleich gar nicht. Das Stück, von einem Fahrraddiebstahl in der Südstadt handelnd, ist dann also höchstwahrscheinlich die erste Mundart-Inszenierung in der Nürnberger Theatergeschichte gewesen. Schreib ich jetzt halt einfach einmal so hin. Wenn's nicht stimmt, ist es mir auch wurschd. Aber es war ein voller Erfolg und hat mit zwei Einsern geendet, einer für den Rainer Wortmann, der andere für mich. Da hätt'st du uns danach heimwärts stolzieren sehen sollen: zwei Meter hoch über dem Boden, stets Beifall erwartend

und, arschklar, die Mundart für immer zur einzig wahren Sprache erhebend. Letzteres bis heute.

Das hab ich, viele Jahrzehnte später, dem Bittner erzählt, wie er nach einem schweren Schlaganfall schon im Pflegeheim gelegen ist und wir, der Mutterbrust-Verräter Herbert Schönekäs, der Dieter Poschardt, der Volkmar Diez und ich, ihn besucht haben. Erinnert hat sich der Bittner an das Hörspiel vom Fahrraddiebstahl in der Südstadt da ganz sicher nicht. Aber bei meiner Erzählung sind ihm die Tränen nur so übers Gesicht gelaufen. Was will mir das sagen? Es will mir und allen anderen schulischen Vollpfeifen sagen: Wir sollen sie, so das Hirn, Abteilung Erinnerung, und das Herz noch einigermaßen auf Sendung sind, wir sollen sie nicht vergessen – die Bittners und die Schmitts. Und die Morlocks schon gleich gar nicht. Weil sie nämlich einen sehr hohen Seltenheitswert haben.

° ° °

Noch ein Requiem – für den Max

Oder kann mir jemand eine vergleichbare, komplett wahre Geschichte von irgendeinem anderen berühmten Fußballer erzählen? Die Geschichte geht so: Es begibt sich die Mögeldorfer Indianerbande, bestehend aus Zwölf- bis Vierzehnjährigen mehr oder minder talentierten Schwanzkistn, Geheimrauchern, Silberbüchseninhabern, Zwangshandballern und so weiter auf den Weg in den Zabo, Club gegen wen weiß ich, vielleicht gegen Viktoria Aschaffenburg. Da wir alle Mitglieder beim 1. FCN sind, ist klar, dass der Eintritt ins Zerzabelshofer Heiligtum null Pfennig

kostet. Man muss lediglich an der Tür hinter der Rollschuhbahn warten, bis der sogenannte Papa Bartzack, Jugendleiter beim Club, erscheint und uns nach Kontrolle des Mitgliedsausweises kostenlos passieren lässt. Aber an jenem Samstagnachmittag: kein Papa Bartzack anwesend, keine Toröffnung, kein kostenloser Eintritt. Und vorn am amtlichen Stadioneingang hat uns ein uniformierter Kartenabreißer angeknurrt: »Schaut, dassder euch schleicht! Ohne Karddn kummd kanner rei.« Auf Hochdeutsch: Zerberus, der Höllenhund und noch dazu in Uniform – keine Chance auf kostenlosen Eintritt. Man muss jetzt den heutigen Kindern nur noch erklären, dass derzeitige Fußballspieler in ihrer Funktion als abgehobene Multimillionäre im hydraulikgefederten Mannschaftsbus bis knapp vor das Spielfeld gefahren werden unter der Obhut von Trainer, Co-Trainer, Torwart-Trainer, Abwehr-Trainer, Mittelfeld-Trainer, Fitness-Trainer, Sportdirektor I, Sportdirektor II, Trikotwart, Schuhpfleger, Seelsorger kath., Seelsorger ev., Seelsorger freireligiös, Verpflegungswart Getränke, Verpflegungswart Bio-Kost, Kommunikationsdirektor, Hütchenaufsteller, Hütchenaufräumer, Kofferträger. Um nur einen kleinen Teil des Begleitpersonals zu erwähnen. Immer wenn das der Morlock von seinem Sessel im Himmel beobachtet, kriegt er am und im Kopf Schüttelfrost. Damals, wie der Papa Bartzack krank oder sonstwie unpässlich, jedenfalls nicht da war, ist der Morlock, der in Zabo gewohnt hat, zu Fuß ins Stadion gekommen, begleitet von seiner Sporttasche. Und einer von uns hat seinen gesamten Mut aufgebracht und gejapst: »Herr Morlock, Herr Morlock! Der Ordner lässt uns nedd nei. Mir sin alle Club-Mitglieder, obber der lässd uns nedd nei.« – »Horch amol, Masder«, hat sich darauf der Max Morlock an den Ordner gewandt, »wenn du die Boum dou nicht aungblicklich neilässd, nou geh ich aff der Schdell widder hamm. Nou konnsd du haid für mich

schbilln.« In der ihm vielleicht noch von früher her bekannten Körperform »Stillgestanden« ist der Ordner vor dem Max in strammer Ehrfurcht erstarrt und hat nur noch aus sich herauspressen können: »Jawoll, Herr Morlock. Wird gmachd, Herr Morlock. Geht klar, Herr Morlock.« Also alle an dem Aufpasser und an unserem Max vorbei zu unserem kostenlosen Stammplatz in der Nordkurve, links vom Ehrenmal für die Gefallenen des Ersten Weltkriegs. Was davon heute noch übrig ist, von dem Ehrenmal, dem Zabo-Stadion, der Rollschuhbahn, vom alten Club-Haus, von der Tennisanlage, vom Hockey-Platz, B-Platz, C-Platz für die Handballer und vom alten Club-Bad und von den Linden vor dem Stadion und von dem Gefühl, da bist du daheim, da gehörst du hin, da kennst du fast alle, da hält der heilige Morlock persönlich seine schützende Hand über dich – was davon also noch an Ort und Stelle ist? Nix. Operationen an offener Seele – das überleben die wenigsten Patienten.

◦◦◦

Alle meine Nothelfer

Und in der Schule, da war seit dem folgenschweren Sekundenschlaf beim »Ich bin der Morlock«-Brüllen auch der Wurm drin. Von dessen Länge und Ausdauer her gesehen ein Bandwurm. In meinen Kindskopf ist manchmal sehr viel hineingegangen – eine Mathematik, eine Geometrie, Physik, Chemie aber ums Arschlecken nicht. Drei verbale Schreckgespenster geistern mir heut noch in Albträumen umeinander. Das sind die Wörter Fahrschüler, Repetent, Nachhilfelehrer. Warum ich den Fahrschüler in unangenehmer Erinnerung habe, weiß der Himmel. Den müsst

ich bei nächster Gelegenheit einmal fragen. War es deren Privileg, ständig zu spät zu kommen, wenn die Überprüfung der Hausaufgaben schon vorbei war, war es deren vielleicht zwanzig oder dreißig Kilometer entfernte Herkunft, die ständigen Zug- oder Omnibusausfälle? Ich weiß es nicht. Und auch der Repetent ist mir eine seltsame, mit größter Vorsicht zu genießende, suspekte Erscheinung gewesen, nichtwissend damals, dass ich in Bälde selber einer sein werde, und nicht nur einmal. Aber wenigstens ahnen hätte ich es können. Und da tritt dann bereits der Nachhilfelehrer in Kraft. Andere Mitschüler haben die den ganzen Nachmittag verderbenden Nachhilfestunden meist geheim gehalten, aber es hat sich rumgesprochen. Und schon ist der zwangsnachgeholfene Banknachbar als Gymnasialdepp oberster Kategorie sorgfältig gemieden worden.

Den Namen von meinem ersten Nachhilfelehrer hab ich vergessen. Er hat in der Nordstadt zur Untermiete gewohnt und für die Dreiviertelstunde fünf Mark kassiert, und wenn ich wie immer unvorbereitet bei ihm am Schreibtisch gesessen bin, zusammen mit dem auch sehr lernunwilligen Fleckenstein, hab ich ebenfalls kassiert: je nach Laune des Nachhilfelehrers eine, zwei oder drei Backpfeifen. Geholfen hat es wenig, es sei denn der Ertüchtigung der Hornhaut teils auf meinen Backen, teils auf meiner Lernlust. Ein Jahr später, nach Beendigung jener enorm watschenhaltigen Hineinpressungen irgendwelcher schulischer Weisheiten, sind dann aber meine Nachhilfestunden sehr schön geworden. Ich hab nämlich zwei sehr gescheite Kusenge oder Cousins oder Vettern. Der erste, der sich meiner mathematischen Blödheit erbarmt hat, ist der Günther gewesen, Sohn von dem gern ein bis zwei oder drei oder vier Biere zügig in sich hineinlaufen lassenden Onkel Schorsch, ältester Bruder meines Vaters. Der Günther Schamberger ist ein Genie auf vielen Gebieten

gewesen, hatte zwei Studiengänge komplett abgeschlossen und eine fürsorgliche, nicht minder gescheite Frau namens Gisa geheiratet, deren Spezialität nicht nur die Gescheitheit gewesen ist, sondern auch das Anfertigen überaus mundender Erdbeer-Rouladen. Und noch eine geografische Angelegenheit hat den Günther ausgezeichnet: Er hat mit seiner Gisa in der Gartenstadt gelebt, keine fünfhundert Meter weit entfernt vom alten Luwigskanal, in dem sich damals noch eine Füllung befunden hat – im Sommer Wasser, im Winter ein fast immer tragfestes Eis. Hat es damals noch gegeben.

Das ist zum Beispiel auch ein gravierender Unterschied zwischen der Nürnberger Nordstadt und der Südstadt. Die Nachhilfestunden in der Nordstadt haben mit der Abgabe des Stundenlohns in Höhe von fünf Mark begonnen und fast immer mit Drümmer Schelln geendet. Und die Nachhilfestunden am südlichen Ende Nürnbergs, in der Gartenstadt? Praktisch der Himmel für Mathematik-Deppen, und vollkommen gebührenfrei. Ganz im Gegenteil. Ob ich eine Erdbeer-Roulade möcherd, hat die Gisa gefragt, und zwei Tassen Kakao und danach noch einmal drei Stück Erdbeer-Roulade. Dann Besichtigung des riesigen Gmüsgartens hinterm Siedlungshaus, Fütterung der Hasen, gefolgt von noch einem Stück Erdbeer-Roulade und einer weiteren Tasse Kakao. Infolge der sich schon sanft ankündigenden Dämmerung hat mein Mathematiknachhilfelehrer und Kuseng Günther sodann dringlich angemahnt, dass wir uns jetzt aber langsam beziehungsweise schnell zum Alten Kanal begeben müssen, bevor es finster wird und man bei einer der wichtigsten Tätigkeiten fast nix mehr sieht. Nämlich am fast einbruchsicher gefrorenen Kanal Eishockey spielen. Eishockey spielen am Kanal in der Gartenstadt ist ungefähr so gegangen: ein Paar Absatzreißer mittels einer Schnur über die Schulter schwingen, Spa-

zierstecken vom Günther seinem Vater in die Hand, eine leere Dose Büchsenmilch und, ganz wichtig, das Orchala. »Orchala« ist ein interessantes Wort. Es leitet sich ab von der Drehorgel, birgt die original mittelfränkische Verkleinerungsform mittels dem -*la* am Ende in sich und ist ein kleiner Schlüssel zum Anschrauben der Absatzreißer. Absatzreißer – das sind Schlittschuhe ohne Schuh, die es schon lang nicht mehr gibt, weil sie auch an noch so festem Winterschuhwerk im Lauf der Zeit die Absätze weggesprengt haben. Nach dem Anschrauben mit dem Orchala hat ein fingerfertiger Mitspieler die Büchsenmilchdose durch die zwei Löcher im Deckel behutsam mit Sand befüllt – fertig war der Puck. Torhüter haben sich mit einer Packung alter Zeitungen unter dem Pullover gegen allzu scharfe, mit dem Spazierstecken durchgeführte Schüsse gegen etwaige Büchsenmilchdosen-Körpertreffer gewappnet. Bist am Kopf getroffen worden, hast halt Pech gehabt. Oder Kopfweh. Leicht stirnverwundet, mit gefrorenen Ruuzglöggla (Rotzglöcklein oder auch Tropfen) an der Nase und sehr glücklich sind wir zwei, mein Nachhilfelehrer Günther und ich, nach kompletter Kanalfinsternis, heimgeleuchtet vom Vollmond und den Befehlen von der Gisa, wieder in die Dudweiler Straße geschlurcht. Was uns erwartet hat, ist klar: von den eingeweckten Erdbeeren schon wieder eine Roulade, ein Kakao, Besprechung der Welt und abschließend zehn Minuten irgendwelche Gleichungen mit ziemlich vielen Unbekannten, Algebra im Schnellwaschdurchgang. Jene geheimnisvollen Gleichungen mit x und y und so weiter hab ich sorgfältigst, ganz weit hinten unter »Z« wie »zappenduster« archiviert und vergessen; die Eishockeyspiele am Alten Kanal und die Erdbeer-Rouladen von der Gisa und den riesigen Gmüsgarten und die Stallhasen und die Abenddämmerungen in der Gartenstadt nicht.

Woher hat jetzt der Günther diese selten vorkommende Kombination geerbt – Gscheitheit und Güte? Falls es die Gene waren, dann können sie nur von der Tante Toni und dem Onkel Schorsch testamentarisch vermacht worden sein, also vom Günther seinen Eltern. Wenn man sich erinnert: Der Onkel Schorsch ist der älteste Bruder von meinem Vater. Wenn man sich nicht erinnert, dann auch. Noch einmal, dass man nicht durcheinanderkommt: Die Söhne vom Ziegelsteiner Opa Gregor und seiner Kuni sind der Onkel Schorsch, der Onkel Fritz, die Tante Käte, genannt Käddi, die Tante Sofie und der Kurt, mein Vater. Eigentlich sind es sieben Nachkommen gewesen, aber zwei von ihnen sind schon im Kindesalter gestorben. Wie das Erinnerungskästlein im Kopf von der Ziegelsteiner Oma, der Kuni, schon ein bisschen löchrig gewesen ist, hat sie beim Rufen nach einem ihrer Kinder meistens die ganze Litanei durchdekliniert. Ungefähr so: »Horch amol her, Kurt, äh, Schorsch, naa, Fritz oder Käddi oder Ding, äh ...« Und dann vorsichtshalber einige Schwiegersöhne und Enkel auch noch um Gehör bittend: »Robert! Äh, Arnold, naa, in Günther maan i doch oder in Albert oder Fritz oder wos wass denn iich ...« Niemals hat zum Beispiel jener Albert auf die Rufe der Sippschaftsvorsteherin reagieren können, denn der war da schon lang nicht mehr unter den Lebenden.

Wegen dem Onkel Schorsch, vor allem seiner Toni, wären wir, mein Kuseng Gert und ich, beinahe was sehr Eigenartiges geworden – männliche Hupfdohlen mit späterer Zulassung vielleicht auf einen Ausbildungsplatz als Primus-Ballerinus-Stift oder wie immer man einen männlichen Spitzentänzer nennen mag, am Schluss weltberühmte Balletttänzer halt. Und nix wär's geworden mit unseren späteren Berufen, studierter Elektroingenieur und SPD-Bürgermeister von Zirndorf der Gert, und ich

unstudierter und naturwissenschaftlich voll verblödeter *8-Uhr-Blatt*-Reporter.

Während der Onkel Schorsch gern ein Bier zu sich genommen hat oder zwei, ist die Tante Toni Tag und womöglich auch Nacht daheim am Klavier gesessen. Dort hat sie ziemlich viel geraucht, aber in erster Linie sehr virtuos Piano gespielt. Unter anderem hat sie als Berufsmusikerin lange ein Engagement bei einem Nürnberger Institut gehabt, das kein Mensch mehr kennt, an der Loges-Schule. Von den zahlreichen Schulen, durch die ich gehen hab müssen dürfen, höchstwahrscheinlich die seltsamste. Warum uns einerseits die Tante Sofie, die Mutter von meinem Kuseng, und meine Mutter dort angemeldet haben, ist mir heut noch ein großes Rätsel. Gleich neben dem Opernhaus hat sich diese Rumhupf-Schule befunden, in einem nicht sehr anheimelndem Kellergewölbe, wo wir zu den Klavierklängen der Tante Toni stundenlang eigenartige Kunststücke vollführt haben: in erster Linie also Hupfen, Ringe in die Höhe schmeißen und dann durch sie durchschlüpfen, bunte Bänder flattern lassen, ferner Purzelbäume, Bocksprünge, Rollerfässla und Atemübungen, obwohl wir das Schnaufen an sich schon ganz gut beherrscht haben. Mit Abstand das Beste an dieser Loges-Schule ist das Klavierspiel von der Tante Toni gewesen, das Zweitbeste, wenn unsere Tante wegen dringenden Nikotinbedarfs eine Pause angeordnet hat. Benannt ist die Loges-Schule, kann man sich denken, nach einem besonders strammen Hampelmann namens Carl Bernhard Loges, der wiederum die wehrsportlichen Ziele eines weiteren Hampelmanns, des Welteroberers Adolf Hitler, in seinen Zeitgeist einfließen hat lassen. Muss man sich vorstellen: Wir zwei, der Gert Kohl und ich, erstens rhythmische Gymnastikflaschen bis dorthinaus und zweitens in einer einwandfreien SPD-Gemeinschaft aufgewachsen, sollen in einem womöglich

immer noch leicht bräunlichen Keller Schnaufen, Gleichschritt und Rumhampeln lernen. Was sich unsere Mütter dabei gedacht haben, weiß ich nicht und will es wahrscheinlich auch gar nicht wissen. Zum Schluss haben wir es sogar zu Bühnenehren gebracht.

Da hat es in der Bucher Straße noch das *Neue Theater* gegeben, das dann sehr schnell alt und für immer geschlossen worden ist. In ihm haben wir vor ausverkauftem Haus folgende Loges-Übung darbieten dürfen: Ein Knabe macht einen Buckel, ein weiterer Knabe besteigt diesen Buckel, links und rechts je ein Abstütz-Knabe, so sind wir als eine Art altrömischer Kampfwagenlenker über die Bühne gestolpert. Einer von uns zwei oder vielleicht auch wir alle beide sind während der Premiere vom Rücken unseres Untermanns abgestürzt. Das war dann das Ende unserer kurzen Karriere als Loges-Rumhupfer.

Um noch einmal auf den Onkel Schorsch und die Tante Toni zurückzukommen: Beide haben sie zum besten Volksparlament gehört, das ich mir denken kann – zur Ziegelsteiner Familienvollversammlung. Sie hat an sehr vielen Sonntagen des Jahres stattgefunden, zusätzlich an den Geburtstagen von der Ziegelsteiner Oma, vom Ziegelsteiner Opa, von der Tante Sofie, vom Onkel Robert, vom Gert, am 1. Weihnachtsfeiertag, am Neujahrstag, am Ziegelsteiner Kirchweihsonntag, nach Beerdigungen, Hochzeiten, Vorführung und eingehender Besichtigung der jeweiligen Braut oder des Bräutigams, also praktisch immer. Veganer oder Vegetarier hat es damals noch nicht gegeben, sodass die Geschäftsordnung im Haus Ziegelsteinstraße 112 klar war: erst Schweinebraten mit selber geriebenen rohen Klößen oder auch Gniedla, Salat der Saison aus dem eigenen Garten, Bier oder Windsheimer, Schnaps, Kaffee, Zigaretten der Marke *Mokri* oder *Salem No. 6*. Durch den schönsten Nebel, den man sich den-

ken und riechen kann, hast im vollbesetzten Wohnzimmer von der Tante Sofie kaum jemanden erkannt, höchstens den Onkel Robert, weil der, im Gegensatz zu den kleinstwüchsigen, aber langnasigsten Schambergers, mindestens zwei Köpf größer war als alle anderen. Wir Kinder sind meistens in die Küche verräumt worden, auf den Stammplatz vom Onkel Robert – ein riesiges, gut behupfbares Sofa. Von da aus haben wir der Tante Sofie zuschauen können, wie sie sich, immer fröhlich, für manchmal bis zu dreißig Zusammenkünftler Familienfeiertag für Familienfeiertag aufgearbeitet hat. Wann die Tante Sofie in ihrem über achtzigjährigen Leben einmal einen Feierabend gehabt hat? Das möchte ich auch gern wissen.

Feierabende für Ehefrauen und Mütter sind damals, ähnlich wie der Extrem-Veganismus, noch völlig unbekannte Erscheinungen gewesen. Kusenge oder Cousins oder Kusinen hab ich ja sehr viele gehabt, vom gütigen Nachhilfe- und Eishockeylehrer Günther über den Arnold, den Horst, die Ruth, die ich ungefähr im Alter von sieben Jahren auch einmal heiraten wollte, bis zur Monika und zum Gert. Zusammen mit dem Gert hab ich bei den Familienfesten oft die Küche verlassen und als mucksmäuschenstiller Zuhörer das Plenum im Wohnzimmer aufsuchen dürfen. Politik aus erster Hand, kannst dir denken, teils vom ehemaligen SPD-Stadtrat Gregor, unserem Großvater, teils von der Tante Käte, amtierende Stadträtin und Sozialreferentin und stetige Bescheidwisserin. Gegen ihr Mundwerk hat sich ein Wasserfall wie ein kümmerliches Rinnsal dargestellt. Aber meistens hat die Tante Käte mitten im schönsten Redeschwall den besten Bremser, den man sich denken kann, gefunden – den Onkel Otto. Chef vom Nürnberger Straßenbahner-Kontrolleurwesen, wunderbarer Witzerzähler, Pointenerfinder und Ironiker höchsten Grades. Zudem in Raucherkreisen großen Respekt genießend,

da er weder *Mokri*, noch *Salem No. 6* und schon gleich gar nicht die erste filtermilde *Lord Extra* inhaltiert hat, sondern die aus stets geheim gehaltenen Kanälen zur PX bezogene *Lucky Strike*, bei uns Luggi Schdriege genannt. Und wenn die Frau Stadträtin Reichert, geborene Schamberger, wieder eine verwegene politische These durch den Bodennebel posaunt hat, ist sofort der Onkel Otto mit einem »Käddi, des glaubst doch selber nedd!« dazwischengegangen, und es hat sich eine mindestens einstündige Debatte in einer Lautstärke bis auf die Ziegelsteinstraße hinaus entwickelt. Die Einzige, die nicht gemerkt hat, dass dem Onkel Otto seine wildesten Diskussionsbeiträge alles andere als ernst gemeint waren, das ist die Tante Käte gewesen. Am schönsten Witz vom Onkel Otto ist aber die Ziegelsteiner Oma, die Kuni, maßgeblich beteiligt gewesen. Der Witz vom Onkel Otto hat damals schon einen rübezahlartigen Bart gehabt und ist so gegangen: Sitzen zwei Männer im Zug, einer von ihnen schält sorgfältig eine Banane, salzt sie und schmeißt sie zum Fenster naus. Fünf Minuten später die gleiche Prozedur – Banane schälen, salzen, zum Fenster nausschmeißen. Nach der dritten Bananensalzung inklusive Wurf aus dem Zugfenster fragt der andere Mann nach dem tieferen Sinn dieser seltsamen Vorgänge: »Warum machen S'n des – Banane schälen, salzen und dann zum Fenster nauswerfn?« – »Konn i Ihner scho soong, warum. Wall – ich mooch kanne g'salzner Bananer.« Und nach dem höflichen Pflichtgelächter des Auditoriums fragt die Kuni in die anschließende Stille hinein ziemlich laut: »Asuu a Depp! Wenn er g'salzne Bananer nedd mooch – warum doudersn nou salzn?«

o o o

Dass ich beim Ertönen mancher Volkslieder heut noch nach außen und nach innen glänzende Augen krieg und ein aufgehendes Herz – das hängt auch mit der Ziegelsteinstraße 112 zusammen. Das Siedlungshaus – in den Zwanzigerjahren des letzten Jahrhunderts in genossenschaftlicher Eigenarbeit errichtet – hat nämlich auch über eine Laube verfügt, sommerlicher Lieblingsrückzugsort unseres Großvaters und schönster, von wildem Wein bewachsener Freiraum für Besprechungen aller Art, Probierstube für den selbst gekelterten Stachelbeerwein vom Opa. Und weil man Erinnerungen nicht nur fühlen, riechen oder schmecken, sondern eindeutig auch hören kann, hör ich das manchmal heut noch: Wie der Ziegelsteiner Männerchor unten in der Laube zu Ehren vom Opa oder der Oma oder von der Tante Sofie oder vom Onkel Robert *Am Brunnen vor dem Tore* gesungen hat, *Kein schöner Land in dieser Zeit*, *Der Mond ist aufgegangen*. Und Letzterer, der Vollmond, ist womöglich in echt überm Uhrtürmchen vom *Konsum*-Gebäude wirklich gerade aufgegangen. So ähnlich wie mein Herz. Allenfalls die draußen vorbeiratternde und quietschende Aanerzwanzger Straßenbahn hat die Romantik für ein paar Sekunden gestört. Kurz vor der Endhaltestelle Ziegelstein.

Aber bei aller Laubenromantik und Politik aus erster Hand und Verstand und Ironie und Onkel-Otto-Witzen und Schweinebraten und Gurkensalat – der Morlock ist mir auch in meiner zweiten Heimat Ziegelstein niemals aus dem Kopf gegangen. Und aus den Füßen schon gleich gar nicht.

13 Kein besonders schöner Sonntag

Einer der wenigen Segen unseres derzeitigen Hochgeschwindigkeitslebens plus Wachstums- und Weltraumeroberungsgeschwafels und Onleinvollbeherrschung bildet die Möglichkeit, dass man mit jenem Onlein nicht nur Blödheiten binnen Zehntelsekunden rund um die Welt oder gar ins All senden, sondern auch ganz ohne Kalender ermitteln kann, auf was für einen Wochentag der 30. September 1956 gründet – nämlich auf einen Sonntag. Kein besonders schöner Sonntag. Wie immer sind wir Mögeldorfer auf den Trampelpfaden entlang unseres Fußballparadieses zum zweiten Fußballparadies nach Zabo gepilgert. Kann man in dem Fall schon einmal schreiben: gepilgert. Pilgern ohne Fahnen, weiß man seit mindestens tausend Jahren, bildet keine Begeisterung. Das lässt sich scheint's nicht ausradieren. Indem das Geld bei uns daheim inzwischen deutlich im Abnehmen begriffen war, hat mir die Mutter keine rotschwarze Club-Fahne beim Riemke gekauft, sondern ein leicht zerschlissenes Betttuch sauber rechteckig geschnitten und mit rotem Wollfaden unser Ein und Alles eingestickt: 1. FCN. Und an einem Haselnussstecken mit Reißnägeln befestigt.

Fahnenbehütet und siegessicher ist es an diesem Septembersonntag gegen den Erzfeind gegangen, der für uns wahrlich kein Erzfeind oder was ähnlich Schwachsinniges gewesen ist. Es hat halt einfach unser Club gegen die Nachbarn aus Fürth gespielt. Wer die Idiotie mit der Erzfeindschaft erfunden hat und warum ausgerechnet Nachbarn, deren Nachbarschaftsgrenzen kaum erkennbar sind, unsere erzenen Feinde sein sollen – das frag ich

mich heute noch. Weil: Derartige Hirnverstopfungen existieren ja heute wie damals und, ist zu befürchten, auch in Zukunft. Womöglich hat es mit den sehr langen und extrem unterschiedlichen Geschichten unserer zwei Städte zu tun: die eine Stadt sehr gut zugänglich zwischen Rednitz und Pegnitz gelegen, mit der einstmals größten jüdischen Gemeinde Deutschlands, und die andere Stadt an der Pegnitz, ihre Glanzzeit als freie, burggekrönte und hermetisch ummauerte Reichsstadt mit Judenpogromen beginnend und mit Reichsparteitagen und Rassegesetzen zum »Schutz des deutschen Blutes« endend. Hätte damals, an dem leicht verregneten und nach dem Schlusspfiff ziemlich verhagelten Sonntag, unser heimlicher Chef, der Wulf Weidner, gesagt, wir seien von nun an die Fürth über alles hassenden Ultras – dann hätte ich, der ich ja beim Bittner schon Latein mehr oder weniger gelernt hatte, gefragt: »Ultra? Wer sollnern jetzt des sei? Ultra is lateinisch und heißt auf Deutsch ›jenseits von‹.« Heute wüsst ich die Antwort auf meine Frage: »Ultra = jenseits von Verstand«. Auch wenn's mit unserem Verstand da und dort ein bisschen gezwickt hat – Ultras sind wir nicht gewesen. Vor allem solche nicht, deren Kopf von einem Strickmützchen gekrönt ist, auf dem das Wort »Anti-Fü« prangt. Klingt fast so, als befände sich unter jenem Mützchen ein altunehrwürdiges, umfangreiches Vakuum.

Mit Haselnussstecken und Club-Betttuch bin ich an diesem 30. September im Zabo an unserem Stammplatz links vom Ehrenmal gestanden und hab gedacht, ich hab einen akuten Augendefekt: Sieben Mal hat der Edi Schaffer im Club-Tor hinter sich langen müssen, nur zwei Mal der Fürther Torhüter. 7:2 für Fürth ist es ausgegangen, von allen guten Geistern vom Max bis zum Morlock verlassen, und direkt vor uns ist eine ältere Dame aus der Nachbarstadt gestanden und hat vor lauter Begeisterung insgesamt sieben Mal ihren Regenschirm geschwenkt, dass ich

den Luftzug bis tief hinein in mein Gemüt gespürt hab. Ob wir auf dem Heimweg das Club-Betttuch angezündet, ob wir in uns einen Hass auf die SpVgg Fürth erzeugt haben? Weder das eine noch das andere. Weil, wer zündelt, entfacht hin und wieder einen Brand; und wer Nachbarn hasst, der kann vermutlich sich selber nicht leiden. Wahrscheinlich haben wir nach der 2:7-Abkofferung unserer Heiligen eine Woche lang nicht Fußball gespielt auf unserer Wiese. Strafe muss sein.

Sehr viel später bin ich eine kurze Zeit lang auch von der selten dummen Fürth-Phobie befallen gewesen und hab mich für außerordentlich pfiffig gehalten, wenn ich schriftlich oder mündlich solche Blödheiten einflechten hab können wie »Die Färdder Schdrass is gschberrd, wall der Blousoorsch vo Färdd es Radfoohrn lernt« oder, noch eine Spur hirnrissiger: »FÜ, die Autonummer von Fürth, heißt ›Fahrer übt‹.« Bis ich eines Tages die wahrlich sensationelle Entdeckung gemacht hab, nämlich dass sich diesseits und jenseits der Stadtgrenze komplett gleichartige Wesen befinden, Menschen – das hat ziemlich lang gedauert. Weil, der angeblich von Stadt zu Stadt, von Land zu Land sehr unterschiedliche Zustand des Mensch-Seins ist mir unter anderem auch von der Mögeldorfer Seltmanns-Oma in sehr jungen Jahren eingetrichtert worden. Die Betty Seltmann hat sich ein Mal monatlich mit vier, fünf Freundinnen zum nachmittäglichen Kaffeekränzla getroffen, gelegentlich im Café des Fürther Stadtparks. Und mich nach der üblichen Anordnung »G'sicht und Hände waschen, kämmen, frische Strümpf, Schuh putz'n« mitgenommen. Die Vorfreude auf ein Riesenstück Prinzregententorte und Kakao während der Straßenbahnfahrt nach Fürth hat sich nur dadurch getrübt, dass die Oma mir stets die meteorologischen Besonderheiten zwischen Fürth und Nürnberg nicht nur einmal, sondern dauernd, folgendermaßen erklärt hat: »Vo

Färdd kummd nix Gscheits – es schlechte Wetter kummd aa vo Färdd.« Und auch das hat mir die Oma eingeschärft: »In Färdd, in Färdd, da gibt's viel Juden und viel Werdd.« Hat die Oma gesagt, die aus einem gewissen Fetzelhofen gestammt hat, einem Steigerwald-Dorf, gelegen zwischen Lonnerstadt und ausgerechnet Vestenbergsgreuth. Dort in Fetzelhofen verliert sich ihr angeblicher Mädchenname Lehner im Dunkel inner- und außerfamiliärer Geheimnisse.

○○○

Einmal Fegefeuer und zurück

Wie sich solche Sprüche vom Kopf in den Mund und anschließend in Millionen Ohren am Schluss auswirken können, hätte ich jeden Tag ungefähr kurz nach 13 Uhr aufs Eingehendste beobachten können. Aber es ist mir nicht eingegangen. Dass unser alternativer Heimweg vom Realgymnasium – statt mit der Straßenbahn über den Rathenauplatz (von 1933 bis 1945 Feldmarschall-Hindenburg-Platz) lieber zu Fuß vom Egidienberg über Hans-Sachs-Denkmal, Königstraße, Kaufhof zum Hauptbahnhof – dass dieser Weg durch eine weite, komplett flachgebombte Wüstenei eigentlich als Mahnmal hätte dienen können. Oder müssen. Das einzige Bau- oder Kunstwerk, das dort in der Sebalder Altstadt die Bombardierung der Stadt der Reichsparteitage einigermaßen unbeschadet überstanden hatte, das war der gusseiserne Hans Sachs. Um ihn herum vom Egidienberg bis hinunter zur Pegnitz alles sauber ausradiert und wegbombardiert und bereits schuttgeräumt. Eine schöne Prärie halt, unkrautbewachsen, teilversteinert, freier Blick über die halbe Stadt, und ungefähr

vom Jahr 1950 an am Schluss mit dem besten Freizeitbeschäftigungsvehikel überhaupt ausgestattet: Die Rolltreppen im Kaufhof. Dem Vorschlag, ausgesprochen nach sechs Schulstunden Latein, Deutsch, Mathematik, Physik und anderem Ungemach, »Gehst mit? A weng Rolltreppenfahrn im Kaufhof?« hab ich niemals widerstehen können. Fast besser als das Aktualitätenkino *AKI* im Hauptbahnhof oder das Idioteneck. Über den Kaufhof mit seinen geheimnisvollen Rolltreppen hat sich dann auch noch ein zweites Mysterium herniedergesenkt, in Zusammenhang mit unserem Religionslehrer, dem Pfarrer K. Der K., breiter als lang, hat über sehr handfeste Argumentationsketten verfügt – kann man sich jetzt wahrscheinlich schon denken: Drümmer Schelln. Einmal hat er uns vorn am Lehrerpult was eingeschärft, dass wir es uns bis in alle Ewigkeit merken sollen: »Gott ist immer da!« Und sogleich hab ich meinem Banknachbar, dem Bauer, das Gegenargument ins Ohr geflüstert: »Gott ist nimmer da.« Zack!, hat mich der Gott für meine ketzerische Flüsterei sofort abgestraft – mit einer solchen Watschn seitens des Pfarrers K., dass mein Kopf gegen den vom Bauer geknallt ist und wir beide zum ersten Mal am helllichten Tag Sterne gesehen haben. Insofern hat der K. also recht gehabt – das »Gott ist immer da« ist mir inklusive der Sterne und einer Gehirnerschütterung bis heute unvergessen geblieben. Großer Beliebtheit hat sich also der Herr Pfarrer bei mir nicht erfreut, und beim Bauer auch nicht, sodass es für uns eine große Genugtuung gewesen ist, wie sich das Gerücht in Windeseile verbreitet hat: Einer der Söhne vom K. ist von der Polizei verhaftet worden. Wegen Taschen- und Warendiebstählen in sehr vielen Fällen, alle verübt im Kaufhof. Was sich mein Banknachbar Bauer beim Bekanntwerden der Nachricht gedacht hat, weiß ich nicht. Ich hab mir gedacht, dass mit dem »Gott ist immer da« möglicherweise irgendwas nicht ganz

stimmen kann – wo es mit den zweifellos sehr schweren Sorgen um einen verhafteten Sohn sogar einen Pfarrer erwischt, wenn auch einen schwere Gehirnerschütterungen erzeugenden. Oder es hat sich statt der Gottesabwesenheit in dem Fall um die Sündenschuld gehandelt, von der uns im Religionsunterricht auch immer sehr viel erzählt worden ist. Als Sühne für die Schelln. Heut weiß ich, dass sie manchmal wirklich stattfindet, die Sündenschuld, und manchmal nicht. Und noch viel später hat mir der Dieter Poschardt, wie er schon voll promovierter Dr. phil. war und beinah ein richtiger Professor für die Ausbildung von Lehrern (Lehrerinnen selbstverständlich auch, nicht dass ich vom Bundes-Gender-Ministerium eine auf den sowieso schwer malträtierten Deckel krieg) gewesen ist, erzählt, dass sich drei Schüler vom Realgymnasium das Leben genommen haben. Den Namen des Lehrers, der mit seiner Auffassung von Pädagogik dafür verantwortlich gemacht worden ist, hat mir der Poschardt auch genannt. Aber ich schreib ihn nicht hin, nicht dass ich meines Lebens kurz vor Torschluss auch nicht mehr froh werde. Auf der anderen Seite soll und muss man aber hinschreiben: dass sich der Mathematiklehrer Schmitt, der von uns stets als Rennsau durch den Kakao gezogene einzige Lehrer mit dem Grundsatz »Gnade vor Recht und schlechten Noten«, nach seiner vermutlich nicht ganz freiwilligen Versetzung nach München auch das Leben genommen hat. Viel später, bereits beruflich, hab ich es einmal wie folgt verfasst: »Unsere zukünftigen Lehrer sollten zu Beginn ihrer Tätigkeit keinen Beamteneid leisten, sondern besser einen Eid auf unseren viel zu spät geliebten Schmitt und seine Mitmenschlichkeit.« Wo mein ans Schulministerium gerichteter Vorschlag gelandet ist, weiß ich nicht. Vielleicht da, wo ich den größten Teil meiner Schulzeugnisse deponiert hab – im Papierkorb.

Noch eine interessante Abart, wie man Schüler sauber verformt, hat sich der vom Krieg deformierte Dr. A. eigenköpfig ausgedacht. Es hat auch gut funktioniert. Mein Banknachbar Bauer mag im Schulfach Deutsch keine besonders helle Leuchte gewesen sein. Schon halbwegs wahr. Aber dass die noch viel dunklere pädagogische Funzel Dr. A. sich vor die Klasse stellt, bekannt gibt, dass der Bauer sich einen Bombensechser erschrieben hat und dann den Aufsatz von meinem Nachbar angewiderten Gesichtsausdrucks auch noch laut und absichtlich sehr monoton und einschläfernd vorliest – da ist ja die Backpfeife vom Pfarrer K. direkt eine Wohltat dagegen gewesen. Recht viel mehr Erniedrigung ist im Rahmen von Schulkindererziehung kaum möglich. Und dann hat uns der A. auch noch gefragt, wie jetzt wir den von ihm mit »bodenlos« bewerteten Aufsatz benoten würden. Ich hab meinen ganzen Mut, also nicht besonders viel, sorgfältig zusammengekratzt und, in gebotener Kniefälligkeit, den extrem leisen Verdacht geäußert, die Bodenlosigkeit des Werks vom Bauer könne vielleicht auch ein bisschen mit der gewollt lahmarschigen Vortragskunst vom Dr. A. zu tun haben. Die Bemerkung hat mir einen mündlichen Fünfer eingebracht und dafür gesorgt, dass sich mein Mut in Zukunft in sehr engen Grenzen gehalten hat. *Non scholae sed vitae discimus.* Hat uns der Bittner gelehrt. Nicht für die Schule, sondern fürs Leben lernen wir. Da schaut's dann mit dem Leben nicht besonders gut aus. Es sei denn, du hast zwei Pfropfn zum Abdichten. Für jedes Ohr einen.

Mit der Kirche ist es auch sehr vergnüglich gewesen. Als Präparand bin ich in die Jungschar eingetreten worden, und mein oberster Befehlshaber ist der Jungscharführer Häberlein gewesen. Hätte ich damals schon ein bisschen nachgedacht, wär ich mir womöglich wie aus der Zeit gefallen vorgekommen. So ungefähr

im Sinn von »Jungscharführer, wir folgen dir«. Sehr weit her ist es bei mir mit dem Nachdenken nicht gewesen, also bin ich dem Jungscharführer Häberlein halt gefolgt. Bei Ausflügen möglichst im Gleichschritt geblieben und bei den biblischen Belehrungen im Präparandenunterricht Ohren und Hirn auf Durchzug gestellt. Prügel hat es beim Häberlein nicht gegeben, sondern viel bessere Einschüchterungen – einmal wöchentlich die sehr gut funktionierenden Drohungen mit dem Teufel und seiner Hölle. Hinter jeden Katechismus-Befehl hat der Häberlein bei Zuwiderhandlungen die Aussicht auf Fegefeuer bis in alle Ewigkeit gesetzt. Und wenn wir das Glaubensbekenntnis, einige Psalmen und das Vaterunser während der Konfirmandenprüfung in der Mögeldorfer Kirche vor versammelter Gemeinde nicht auswendig können, hat er oft gedroht, dann schaut's ganz schlecht aus mit der Konfirmation. Mit seiner Gitarre, die der Häberlein immer Klampfe genannt hat, ist er am Schluss der Ausflüge in den Gesang sehr seltsamer Lieder verfallen. Irgendwas mit »Sonnenschein und Herz hinein« und »Drallalero, Dirallalalaero«, das uns eher als Gebrüll denn als Gesang in den Ohren gedröhnt hat. So laut und presslufthammerartig, dass ich es heut noch manchmal höre. Am End wirkt es vielleicht sogar noch ewiglich, bis zum jüngsten Tag, amen. Dass dann bei der Konfirmation nicht gebrüllt wird, nicht das Fegefeuer auf uns wartet und auch keine Blamage vor der ganzen Gemeinde beim Auswendig-Runterleiern des Glaubensbekenntnisses – das haben wir dann im Konfirmandenunterricht doch noch rechtzeitig erfahren. Durch den Pfarrer Wilhelm Geyer, der für den Konfirmandenunterricht eingeteilt war. Gott sei Dank. Seine drei pädagogischen Grundsätze sind alle mit einem großen »G« angegangen: Geduld, Güte, Gnade. Von Teufel, Hölle und Fegefeuer keine Spur. So unterschiedlich kann man scheint's ein Christentum handhaben. Viele Jahrzehnte später

hab ich erfahren, dass der Pfarrer Geyer Ende der Dreißigerjahre als Seelsorger an der Nürnberger Lorenzkirche zu den wahrlich wenigen evangelischen Amtsinhabern gehört hat, die ziemlich deutlich des Sonntags von der Kanzel herunter den Widerstand gegen die Deportation der jüdischen Mitmenschen gepredigt haben. Ob es kurz vor oder kurz nach der Konfirmation gewesen ist, wo uns der Häberlein während drei Tagen unvergnüglicher Freizeit in einer Jugendherberge in der Fränkischen Schweiz die Leviten teils gelesen, teils in Klampfenbegleitung gebrüllt hat, weiß ich nicht mehr. Dafür weiß ich aber noch, wie der letzte Abend der Konfirmandenfreizeit verlaufen ist: Jeder von uns hat sich auf eine kleine Bühne stellen und vor versammelter Jungschar alle bisher angefallenen Sünden beichten und dann Gott um Vergebung derselben bitten müssen. Unter Tränen hab ich gestanden, ich habe meiner Mutter gelegentlich ein oder auch zwei Zehnerla aus dem Portemonnaie gestohlen und mir dafür bei der Frau Gottlieb Eistörtchen oder ein Windsheimer gekauft. Die Zigaretten hab ich vorsichtshalber nicht erwähnt. Ob mir Gott damals vergeben hat, weiß ich nicht. Konfirmations- und häberleinmäßig ist mein Kuseng Gert fein raus gewesen, denn alle meine Ziegelsteiner Verwandten sind nach Eintritt in die SPD aus der Kirche ausgetreten. Und bei der Jugendweihe vom Gert ist von der späteren Aussicht auf ein Fegefeuer überhaupt nicht die Rede gewesen. Und einen Jungscharführer Häberlein hat es auch nicht gegeben. Allerdings auch keine Menschen wie den Pfarrer Geyer, von denen es auf der Welt gar nicht genug geben kann. Wünschte ich mir heute.

14 WER DURCHS SCHLÜSSELLOCH SCHAUT, WIRD BLIND

Da kann einer Ostern lobpreisen, wie er will und mag – das schönste christliche Fest ist für mich Weihnachten gewesen. Wenn dir heut Weihnachten immer noch gefällt, weil es dir dabei sehr samtig ums Herz rum wird, dann stehst als Vergangenheitsverklärungsdepp natürlich weitgehend im gesellschaftlichen Abseits. Ich fühl mich, was Weihnachten betrifft, in diesem Abseits ziemlich behaglich. Gut, die Meteorologen wissen was anderes, aber ich weiß, dass es allerspätestens ungefähr um den Bulzermärddl-Abend herum zum ersten Mal geschneit hat. Ob das jetzt stimmt oder nicht, ist vollkommen wurschd. »Bulzermärddl« heißt auf deutsch Pelzmärtel, und »-märtel« steht für Martin, den heiligen Martin. Wer den Pelz dazu erfunden hat, weiß man nicht. Und wer aus dem gütigen und freigiebigen und selbstlosen Bischof eine Horrorgestalt für Kinder gemacht hat, die am Abend des 11. November mit alten Motorradmänteln, ausgelatschten und ausgedienten Wehrmachtsstiefeln, Zottelbart und Haselnussrute verkleidet Angst und Schrecken erzeugt hat, das weiß man auch nicht. Wahrscheinlich sind es die Backpfeifen-Pädagogen gewesen, denen wir ja auch den Nachtgieger zu verdanken gehabt haben. Aber wenn du den Erwachsenenterror am Bulzermärddl-Abend einigermaßen überstanden hast, mit seinem groben Unfug von den Sünden im Schwarzen Buch bis zur Drohung, dass er dich im Sack in den finsteren Wald verschleppt, wenn du dann also für die Seelenqual mit ein paar

Walnüssen, Hutzlbirn, Äpfel oder gar einer Tafel Schokolade besänftigt worden bist – dann ist der Vorfreude auf Weihnachten fast nichts mehr im Weg gestanden. Den Bulzermärddl lob ich mir aber seit einiger Zeit dennoch, weil Halloween ist ja noch viel schlimmer.

Jedenfalls hat es dann bei uns einen Schnee geschneit, da können die Wetterforscher erzählen, was sie wollen, die geschlossenen Fenster im Adventskalender sind immer weniger geworden, und es ist der Nachmittag gekommen, an dem die Seltmanns-Oma nicht gefragt hat, ob ich mit ihr aufs Kaffeegränzla gehe, sondern sie hat angekündigt: »Kämm dir die Haar, zieh die gute Hose an, wasch die Händ! Heut Nachmittag geh mer zum Christkind.«

Oft hab ich das Nürnberger Christkind gesehen – zum ersten Mal in einer Zeit, in der ich an das vielleicht vom Martin Luther erfundene Fabelwesen noch einigermaßen geglaubt hab. Ungefähr so wie an den Nachtgieger, an den Schwarzen Mann und an den Pelzmärtel. Da ist an seinem Erscheinungsort, am Hauptmarkt, nur noch der Schöne Brunnen gestanden und die Reste von der Frauenkirche. Alles andere, das Rathaus, die großen Häuser an der Pegnitz, die Sebalduskirche, das Gebäude der Industrie- und Handelskammer sind ziemlich flach gewesen – zerbombt und eingeäschert. Von wem? Das ist heut noch die Frage. Für mich ist es keine Frage gewesen, denn anders als ziemlich flach, zerbombt und eingeäschert hab ich es nicht gekannt. Und dass das Christkind Sofie Keeser heißt, Schauspielerin ist, zum Feierabend gern einen Schoppen Wein trinkt, Ami-Zigaretten raucht – das hab ich auch nicht gewusst. Und das Gedicht, das sie in der Dämmerung ganz laut aufgesagt hat am Hauptmarkt, der höchstens fünf Jahre vorher noch Adolf-Hitler-Platz geheißen hat, hab ich auch nicht verstanden. Das Gedicht hat der Friedrich Bröger geschrieben,

einer der Söhne vom Karl Bröger, und ist so gegangen: »Es ist die alte Stadt Nürnberg nicht mehr, die ich heut seh, da ich nun wiederkehr nach Krieg und Brand und nach viel schwerer Zeit. Wo ist der Glockenchor und sein Geläut, Sankt Sebald und die ganze Schar von Türmen, die ihm Heimat war?«

Viele Jahre später, 1973, hat sich der Christkindlesmarkt-Dichter Friedrich Bröger, der als Dramaturg am Nürnberger Schauspielhaus gewirkt hat, das Leben genommen. Warum? Das hat mir mein Vater Jahrzehnte später erzählt, aber ich schreib es nicht hin. Dafür schreib ich jetzt hin, dass ich dem Christkind, wie es noch Sofie Keeser geheißen hat, fast bis zu seinem Lebensende im Jahr 1999 immer wieder über den Weg gelaufen bin. In der Anfangszeit, immer kurz vor Weihnachten, wenn der Vater mit mir ins Lessing-Theater gegangen ist, ins weltbeste Theaterstück überhaupt – *Emil und die Detektive* vom weltbesten Dichter Erich Kästner. Und in einer der Hauptrollen das weltbeste Christkind persönlich, die Sofie Keeser als Pony Hütchen. Dann die späteren Begegnungen mit der weltbesten Schauspielerin: auf der Bühne im Schauspielhaus in Fitzgerald Kusz' weltbester Konfirmandentragikomödie *Schweig, Bub!*, im Bierzelt am Nürnberger Volksfest, im *Wirtshaus am Schuldturm* oder im *Bratwurst-Sternle* oder im *Café Abel*, in dem man nach Herzens- und Lungenlust noch rauchen hat dürfen, andernfalls hätte es die Sofie, genannt Bobby Keeser, meistens in Begleitung der weltbesten Souffleuse Sofie Zahn, niemals betreten.

Wie sie, die Sofie Keeser, das Gedicht vom Friedrich Bröger im ursprünglichen Text feierlich vorgetragen hat an der mindestens drei Viertel zerstörten Frauenkirche, das »nach Krieg und Brand und nach viel schwerer Zeit« – da wünschte ich mir heute oft, dass es sich der Nürnberger Nazi-Oberbürgermeister Willy Liebel anhören hätte müssen. Einer der Brandstifter 1933 – und,

was gern verschwiegen wird, der eigentliche Erfinder des angeblich ältesten Weihnachtsmarktes der Welt. Die Eröffnungszeremonie, die Menschenmassen, das emsige Gschäftlamachen, das hat alles der Liebel 1933 erfunden. Nicht zur Lobpreisung der Weihnachtszeit, sondern zur Lobpreisung des weltbesten Massenmörders Adolf Hitler. Da dem Liebel das Leben ausgerechnet am 20. April 1945 im Bunker hinterm Polizeipräsidium abhanden gekommen ist, ob eigenhändig oder von Parteigenossen-Hand, ist ihm der erste Auftritt des Christkinds im Dezember 1948 samt dem heil-losen Bröger-Text erspart geblieben. Musst also ein bisschen aufpassen, wenn du in der Erinnerung die original Altnürnberger Adventszeit unter dem Buchstaben »b« einordnest, »b« wie »behaglich«.

Am besten, man liest hin und wieder den unter Verschluss gehaltenen Text des Prologs, wie ihn das Christkind 1933 – nicht die Sofie Keeser und natürlich nicht von Friedrich Bröger – hat aufsagen müssen. Unter anderem ist da zu den Bratwürsten folgender Nationalsenf dargeboten worden: »... doch neue Zeiten kamen und Deutschland ist erwacht! Und hat zu Ehren wieder den alten Brauch gebracht. An dieser hehren Stätte, die Deutschlands Führer weihten, und wo sich Nürnbergs Bürger voreinst als Kinder freuten ...« Ja, ja – voreinst ist viel passiert, teils im Hirn, teils am Himmel.

Was die Behaglichkeit betrifft – die ist bei uns daheim höchstens einmal kurz unterbrochen worden, wenn wir dann, bereits vier Kinder, durchs Schlüsselloch der Wohnzimmertür erspechteln haben wollen, ob das Christkind bei seiner Weihnachtsgeschenkablage schon tätig ist. Kaum hat man das Schlüsselloch ins Visier genommen, ist schon die Drohung erfolgt: »Wer durchs Schlüsselloch schaut, wird auf der Stelle blind.« Die Aussicht auf mindestens einäugige Erblindung habe ich so lang geglaubt, wie

ich an das Christkind geglaubt hab. An die Sofie Keeser glaub ich heut noch.

Immer noch komplett unberührt von der allerjüngsten Nürnberger Spezialgeschichte ist mir die Weihnachtszeit die reinste Freude gewesen. Weiß zum Beispiel noch wer, wie damals eine Gans gerochen hat? Extrem-Veganismus hin, Vegetarismus her – ein von der Frau Brückner persönlich frisch gerupftes Gänsla in der Röhre, das hat im gesamten Haus durch alle Schlüssellöcher und Fensterspalten bis hinaus auf die Straße keinesfalls gerochen, sondern geduftet wie das beste Glück des Jahres. Womit die Frau Brückner, wohnhaft in einem Holzhäuschen gleich hinter unserer Fußballwiese, ihre zehn oder fünfzehn Gänse jedes Jahr bis zum 23. Dezember gefüttert hat, ist ihr Geheimnis geblieben. Wahrscheinlich mit nix – Selbstverpflegung mit dem Gras auf unserer Fußballwiese. Weihnachten hat für mich also mit dem Adventskranz und dem Adventskalender begonnen, ist dann in die Versuche gemündet, ohne blind zu werden einen Blick durchs Schlüsselloch zu erhaschen, hat sich vermischt mit dem Duft beim Plätzchen- und Christstollenbacken und hat, wenn das weitgehend unsichtbar ums Haus huschende Christkind mit seiner Glocke zur Bescherung geläutet hat, noch lange nicht seinen Höhepunkt erreicht. Die Mutter hat am Klavier *Stille Nacht* gespielt, und mein kleiner Bruder und ich haben unseren sehr gemischten Chor durch inbrünstigstes Falschsingen komplett durcheinandergebracht, bereits während der ersten Strophe. Meine Missachtung von sämtlichen Noten und Tonleitern mag entschuldbar sein und hat sich bis heute hartnäckig erhalten. Aber mein kleiner Bruder – wie es der später durch stets korrektes, nahezu virtuoses Saitenzupfen seines Kontrabasses bis zum Berufsmusiker bei den Nürnberger Symphonikern gebracht hat, das weiß der Himmel. Das stets voll

danebenliegende Krächzen bei *Stille Nacht,* das eventuelle Umfallen des brennenden Christbaums, die Bescherung, geschwisterlicher Geschenkevergleich, am ersten Feiertag die Gans mit rohen Gniedla (Klößen), Selleriesalat, am zweiten Feiertag die nächste Bescherung in Ziegelstein, die nächste Gans, die elektrische Eisenbahn von meinem Cousin Gert, die Schneeflocken im Licht der Gaslaterne vor unserem Haus, Apfelsinenschalenspritzer in die Flammen der Christbaumkerzen mit anschließender Entstehung von kleinen, zischenden Kometen, Sternlasspeier, Weihnachtsferien − mehr allerhöchste Höhepunkte kannst innerhalb von einer Handvoll wunderbarer Tage überhaupt nicht haben. So oder wenigstens so ähnlich hab ich es mir bis heut erhalten − auch wenn Weihnachten inzwischen ungefähr am 15. August bei 39 Grad Celsius im Schatten, und zwar über Null, beginnt und am besten niemals endet, wegen Wachstum. Jedes Jahr zwei Millionen Besucher, jeweils nächstes Jahr mindestens eine halbe Million mehr, Glühweintrinker, Bratwurstmampfer, Zipfelmützenträger, Lebkuchenschlichter, Umsatzmacher. So weit haben wir es gebracht und bringen es vielleicht sogar noch ein bisschen weiter. Unendlich weit höchstwahrscheinlich nicht.

An einem sehr Heiligen Abend hat mir das Christkind zwar wie immer ein Buch auf den Gabentisch gelegt, aber dieses Mal nicht den soundsovielten Karl-May-Band, sondern *Das fliegende Klassenzimmer.* Von Erich Kästner. Wer *Das Fliegende Klassenzimmer* nicht gelesen hat oder sich nicht vornimmt, es in der immer wieder drohenden Vorweihnacht zu lesen, der soll sich zum Schämen in die Ecke stellen. Oder Haselnussstock-Bföödschla verabreicht bekommen, zirka fünf Hiebe ohne Bewährung. Weil: Welche Lehrer haben uns die schönste Literatur (Kästner im Verbund mit − falls ich es noch nicht gesagt haben sollte − Joseph Roth, Kurt Tucholsky, Jaroslav Hašek, Johannes Urzidil, Mark

Twain, Franz Kafka) einigermaßen nahegebracht? Kein einziger Lehrer und auch keine Lehrerin. Wahrscheinlich haben sie niemals gewusst, dass der Erich Kästner unter anderem der beste Vorwortdichter überhaupt ist. Im Vorwort zum *Fliegenden Klassenzimmer* hat dieser Erich Kästner, zum Beispiel jetzt nur, geschrieben, dass er momentan auf einer schönen Blumenwiese in den Bergen liegt, vor sich ein wiederkäuendes Kalb namens Eduard, dahinter die schneebedeckten Berge, in der einen Hand einen Notizblock, in der anderen einen grünen, aus Stein bei Nürnberg stammenden Faber-Bleistift und in sich verschiedene Gedanken, wie man mitten im Hochsommer ein Weihnachtsbuch für Kinder schreibt. Danach geht er ins Gasthaus: »... da merkte ich, dass ich meinen grünen Bleistift verloren hatte. Sicher war er mir auf dem Nachhauseweg aus der Tasche gefallen. Vielleicht hatte ihn auch Eduard, das bildhübsche Kalb, für einen Grashalm gehalten und verschluckt. Jedenfalls saß ich nun in der Gaststube herum und konnte nicht schreiben. Schließlich nahm ich mir ein Kinderbuch vor, das mir der Verfasser geschickt hatte, und las darin. Aber ich legte es bald wieder weg, so sehr ärgerte ich mich darüber. Ich will euch auch sagen, warum. Jener Herr will den Kindern, die sein Buch lesen, doch tatsächlich weismachen, daß sie ununterbrochen lustig sind und vor lauter Glück nicht wissen, was sie anfangen sollen. Der unaufrichtige Herr tut, als ob die Kindheit aus prima Kuchenteig gebacken sei ...«

° ° °

Die Bücher vom Erich Kästner sind im Februar 1933 von den nationalsozialistischen Herrenmenschen verbrannt worden. Da war ich ungefähr minus neun Jahre alt, also noch lang nicht auf unserer seltsamen Welt. Gott sei Dank. Wär ich damals plus neun Jahre alt gewesen, hätt ich mir später die womöglich wichtigste Frage überhaupt stellen müssen: Auf welche Seite hättest du dich damals geschlagen, auf die der Weltbrandstifter oder auf die der zwölf Jahre lang vergeblich tätigen, ihr Leben aufs Spiel setzenden, widerständigen Brandlöscher? Oder wenigstens auf die Seite derer, die ihren grünen Bleistift vorübergehend ruhen haben lassen? Knapp vierzehnjährig hab ich diese Frage und deren Hintergrund nicht gekannt und folglich auch nicht gestellt. Was mich fasziniert hat, das ist das sehr schöne Bild gewesen, das mir der Erich Kästner in Buchstaben gemalt hat: auf einer Blumenwiese liegen, den Alpen zuschauen, wie sie sich von der Sonne bescheinen lassen, und mit einem grünen Bleistift in einen Notizblock wunderbare Sätze hineinschreiben. Und wahrlich nicht zuletzt: sehr berühmt und sehr beliebt sein und sehr viel Geld verdienen. Also ein ganzes Leben lang Kuchenteig. Diesen Traum hab ich später noch oft gehabt, ohne zu ahnen, dass Träume Schäume sind und Schäume aus sehr dünnhäutigen Seifenblasen bestehen und schneller platzen, als du einen Gedanken zu Ende denken kannst.

Wie ich *Das fliegende Klassenzimmer* zum ersten Mal in einer einzigen Nacht, unterm Zudeck im Taschenlampenschein, das ganze Buch gelesen und verschlungen hatte, hab ich mich ein paar Tage später hingesetzt und mir meinen von nun an unaufhaltsamen Aufstieg als Dichter mit einem freiwillig ersonnenen Text (eine meiner ganz wenigen freiwillig verfassten Geschichten

überhaupt, bis heute) erschrieben. Mit einem grünen Bleistift von Faber. Mit was sonst. Überschrift: »Das Federmäppchen«. Damit man weiß, was für mich Pausenaugust hohe Literatur gewesen ist und heute noch ist, zitier ich mich selber, aus meinem allerersten literarischen Meisterwerk, also aus dem »Federmäppchen«:

Klein Hansi saß am Fenster und langweilte sich sehr. Da schaute er die Fenster so lange an, bis sie herausfielen. Dann stieg er aus dem Fenster und fuhr mit seinem Mercedes nach Venedig. Als er Venedig, die Stadt der Papierkörbe schon sah, merkte er, daß er im Wasser fährt. Beinahe wäre er samt seinem Auto im Eismeer jämmerlich ertrunken, doch schnell gab er sein Auto als Eilpaket nach Venedig auf, pumpte sich voll Luft und gelangte so wohlbehalten nach Venedig. ›Hoppla‹, dachte Klein Hansi, als er Venedig sah, verkaufte seinen Mercedes und erwarb dafür einen Schlitten und ein Hundegespann. Dann gondelte er in Venedig herum. Er begann, die Einwohner zu zählen und zählte 50 Einwohner. Das erzählte er seinem Vater. Der erwiderte, daß es ein Buchdruckfehler sei und fuhren empört nach London, der viertkleinsten Stadt der Welt. Berühmt ist in London die Tinte. Sogleich trank Klein Hansi einen Eimer voll. Es schmeckte ihm nicht besonders gut und er beschloß nie mehr Tinte zu trinken, höchstens mit Salz ... und so weiter und so weiter, zwei DIN-A4-Seiten voll, und alles in einwandfreiem Imperfekt; ein Federmäppchen kommt in der Geschichte vom Federmäppchen übrigens nicht vor. Warum auch, Hauptsache, es steht in der Überschrift. Alte Journalistenweisheit.

Sehr viel Geld, wie seit meiner ersten Begegnung mit Erich Kästner beschlossen, hab ich mit dieser epochalen Erzählung nicht verdient, aber zu einer Berühmt- und Beliebtheit hat es für ein paar Stunden doch gereicht – berühmt und beliebt bei meiner Mutter und bei meinem Vater. Sonst hätten sie den Text nicht aufbewahrt und ihn mir anlässlich meines Eintritts in die Erwachsenheit feierlich überreicht.

Ein weiteres Schriftstück, mutmaßlich auch von allerhöchstem literarischen Wert, hat sich leider der Konservierung entzogen: ein womöglich sehr rührender Aufsatz über das berühmte Rehlein namens Bambi. Gesichert ist nur, dass ich ihn eines Tages nach der Vorlage des gleichnamigen Films von Walt Disney geschrieben hab. Der Disney wiederum hatte die Geschichte von dem Wiener Schriftsteller Felix Salten abgekupfert – und zum Schluss hab also ich zum grünen Bleistift gegriffen; kann aber auch ein Füller aus meinem bereits berühmten Federmäppchen gewesen sein. Es ist jammerschad, dass ich aus dem Aufsatz nicht zitieren kann. Er muss damals exorbitant gut, flüssig, spannend, metaphorisch, sinnhaft, nahezu philosophisch wittgensteinhaft von mir persönlich als Beitrag zu einem Wettbewerb des Amerika-Hauses hingeschrieben worden sein. Erster Preis für den besten Aufsatz wäre eine Reise nach Amerika mit Besuch der Filmstudios des Herrn Disney gewesen. Wäre – den Konjunktiv hab ich mit Bedacht gewählt, da ich damals nicht wie erwartet mit dem Flieger nach Los Angeles düsen, sondern mit Hunderten anderer junger Aufsatzschreiber mit der Straßenbahn zur Lorenzkirche fahren und von dort zu Fuß zum *Apollo-Kino* laufen hab dürfen. Ich bin einer von sehr vielen Traumdichtern gewesen, die alle einen von den vielleicht fünfhundert zweiten Preisen gewonnen haben: eine kostenlose Eintrittskarte für den Bambi-Film im *Apollo-Kino* in der Pfannenschmiedsgasse. Und wieder hätte ich beim Betreten des Kinos fürs Leben lernen können. Denn das *Apollo-Kino* ist nur sehr notdürftig in einem riesigen Kellerraum betrieben worden; über dem Keller haben sich Steinquader, Schutt und verkohlte Balken aufgetürmt – der Rest des am 2. Januar 1945 wegbombardierten Theaterpalastes und des einstigen Nobelhotels Wittelsbach. Was ich aus dem Anblick der Ruine gelernt habe? Vorläufig nix.

Das bedeutungsvolle Wort Protektion – auch gute Beziehungen, Vitamin B, Vetterleswirtschaft, gegenseitige Handwaschungen mit Schmierseife oder Netzwerk genannt – hab ich noch nicht gekannt, aber insgeheim damit schon aufs Schärfste kalkuliert. Nämlich im Fall meines Bambi-Aufsatzes. Nur zwei Häuser weiter in unserer Straße hat ein Mister Dietz mit seiner Familie gelebt. Das schöne Gebäude, bis 1945 Wohnsitz vom warum auch immer ziemlich berühmten Walter Braun, dem Hut-Braun, ist noch von den Amerikanern beschlagnahmt gewesen. Und der Mr. Dietz hat das Amerika-Haus am Westring geleitet. Da versteht es sich doch von selbst: Wenn ich in der schönen Wohnung vom Amerika-Haus-Chef Dietz täglich aus und ein gehe, von der überaus angenehmen Mrs. Dietz mit so segensreichen Essenswürdigkeiten wie Coca Cola, Weißbrot, Erdnussbutter, Ham and Eggs, Tomato Ketchup und Corned Beef überhäuft werde – ja, dann ist es doch gar keine Frage, dass mir jener Mr. Dietz auch den ersten Preis in dem von ihm veranstalteten Aufsatzwettbewerb zuschanzt. Hab ich mich aber getäuscht. Kann auch daran gelegen haben, dass mein Aufsatz über das Bambi doch nicht so ganz exorbitant gut gewesen ist.

Noch einer ganz anderen Täuschung bin ich in den Tagen meiner vermeintlichen Dichterwerdung anheimgefallen, bei der dritten Verliebtheit meines Lebens. Nachdem aus der geplanten Heirat mit dem Fräulein Pöschel in Burgthann und später mit dem Fräulein Roth in der ersten Klasse Volksschule nichts geworden ist, hab ich es ungefähr sechs Jahre später noch einmal probiert. Mit der Carol Dietz, der Tochter des Chefs vom Amerika-Haus. Kann schon sein, dass man die Eroberung eines Mädchenherzens damit beginnen muss, ihr den Eroberungsversuch auch mitzuteilen. Mündlich oder schriftlich oder schmachtenden Blickes.

Mündlich oder schriftlich hab ich es bei der Carol Dietz nicht probiert, und mit meinem schmachtenden Blick ist es höchstwahrscheinlich auch nicht weit her gewesen. Nach einigen vergeblichen, augenverdrehenden Anschmachtungen ist die Carol mit meinem besten Freund, dem vollkommen unbegabten Fußballspieler Wulf Weidner gegangen. Der hat schon ein bisschen Englisch oder Amerikanisch gekonnt, deutlich besser als Fußballspielen, und hat, nehm ich an, eines Tages einfach gesagt: »Let's go together!« Oder so ähnlich. Und schon sind sie together gone. Einmal hab ich sie beim Händchenhalten erwischt. Aber Freunde sind wir, der Wulf und ich, dennoch geblieben, weil irgendwann sind die Mrs. Dietz, der Mr. Dietz, die Carol und ihr kleiner Depp von Bruder, der vor unseren sehnsüchtigen Augen immer volle *Coca-Cola*-Flaschen durchgeschüttelt und den kostbaren Inhalt auf die Straße gespritzt hat, aus- und die Hut-Brauns wieder eingezogen. Und der Wulf hat dann, verlassen von der Carol, auch beschlossen, dass er Dichter, berühmt, beliebt und reich wird. Ungefähr so wie ich.

∘∘∘

Sommersprossen in Heilbronn

Dass ich vorher aber alle vier bis fünf halbamouröse Techtelmechtel meiner Kindheit hinter mich bring: Da haben wir das Fräulein Pöschel also gehabt, das Fräulein Roth, die Carol Dietz und als Nächstes eine gewisse Gerlinde Fröhlich, eine Mitschülerin im Realgymnasium aus der Zeit, in der wir in der Klasse noch vier Mädchen gehabt haben. Können auch fünf gewesen sein, die erwähnten Maikäfer im Bauch haben mich aber nur bei

der Gerlinde Fröhlich befallen. Schöne lange Zöpfe hat sie gehabt, Sommersprossen im Gesicht, auch im Winter, und gemäß ihrem Nachnamen eine immerwährende Fröhlichkeit. Ungefähr zwei Jahre lang hätte ich ihr mitteilen können, dass ich Sommersprossen, Zöpfe und eine Fröhlichkeit über alles schätze. Aber wie fast alles in meinem Leben habe ich auch die Kundgebung meiner Vorliebe für Zöpfe, Sommersprossen und Fröhlichkeit von einem Tag auf den anderen geschoben, nach dem ja dann wieder ein anderer Tag kommt und wieder ein anderer, und an einem dieser sehr vielen anderen Tage ist die Gerlinde früh um acht Uhr zum Schulbeginn nicht mehr auf ihrem Platz in der ersten Reihe gesessen. Aus dem Realgymnasium ausgeschieden, hat es geheißen, und nach Heilbronn umgezogen. Also neuer Beschluss: Ich sag ihr das mit den Sommersprossen, Zöpfen und mit der Fröhlichkeit demnächst, wenn ich mit dem Fahrrad nach Heilbronn gefahren bin, dort am Hauptmarkt oder einem etwaigen Heilbronner Idioteneck oder einer Eisdiele erfolgreich nach ihr gefragt hab und dann vor ihr steh. Immer wieder einmal hab ich im Diercke-Schulatlas studiert, wie man am schnellsten mit dem Fahrrad von Nürnberg nach Heilbronn kommt. Im Atlas sind es von Nürnberg bis Heilbronn höchstens drei Zentimeter gewesen. In Gedanken noch viel weniger. In Wirklichkeit unendlich weit. Niemals bin ich mit dem Fahrrad in Heilbronn gewesen. Und wenn du noch nie in Heilbronn gewesen bist – wie willst du dann schon einmal nach einer Gerlinde Fröhlich gefragt haben?

∘ ∘ ∘

Der Balancekünstler im Konjunktiv

Das sind überhaupt sehr interessante Fragen und Konjunktive gewesen: Was wäre mit einem Leben geworden, wenn? Wenn damals auf der Wiese in Sulzbach-Rosenberg der Tieffliegerpilot wirklich auf zwei Menschen, auf die über mir liegende Mutter und mich, mit seiner Bordkanone gezielt geschossen und womöglich auch getroffen hätte; wenn mich die Hiltners Ursel nicht aus dem Bombentrichterweiher gefischt hätte? Wenn ich dem Häberlein seinen Erzählungen aus tausendundeiner Hölle geglaubt hätte? Wenn ich die schöne Sprache Kästnerisch erstens begriffen, zweitens gelernt und drittens mittels Fleiß und Talent und was weiß ich noch vervollkommnet hätte? Oder ganz anders: Wenn ich nach meiner Karriere auf der Schafbemberla-Wiese zwischen Mögeldorf und Zabo der Max Morlock geworden wäre. Ist denn – jetzt auch nur zum Beispiel – dem Morlock, wie er in Gleißhammer auf der Straße mit einem Putzlappenball Fußball gespielt hat, ist in ihm da eine Ahnung aufgestiegen, dass er der beste Fußballer wird, den der 1. FC Nürnberg jemals gehabt hat? Oder dass ihm eines Tages seine Frau Inge zwei ziemlich schöne Töchter auf die Welt bringt, in Gestalt erstens einer Ursula und zweitens einer Birgit, und er dadurch Jahre danach unter anderem der Schwiegervater des späteren Weltkonzern-Vorstandsvorsitzenden Thomas Diehl wird? Lenkt das jemand, und wenn ja, wer? Hab ich mich als Kind sehr oft gefragt. Und bin zu dem Ergebnis gekommen, dass dieser *wer* ich bin. Und zwar funktioniert es ungefähr so: Wenn ich jetzt beim Balancieren auf dem Randstein vom Gehsteig in der Farnstraße nicht abrutsch, dann schreib ich morgen in der Mathematik-Schulaufgabe einen Dreier; wenn ich abrutsch oder stolper, dann wird's wieder ein Fün-

fer oder ein Sechser. Lernen oder Begreifen ist bei der von mir persönlich entwickelten Abart der Chaostheorie nicht notwendig. Bitteln, Betteln und Beten schon eher. Nur Obacht geben und beten, dass du nicht vom Randstein abrutschst. Auf diese religions- und naturwissenschaftlich sehr fundierte Weise hab ich eine Schulbank-Karriere durchschritten, so gottserbärmlich, dass man es nicht glauben möchte.

Aber um in meiner Chaostheorie im Zusammenwirken mit dem anderen Geschlecht fortzufahren: Wie hätte sich mein Leben gestaltet, wäre dem späteren Nürnberger Foto-König oder -Kaiser, dem Hannsheinz Porst, größtes Fotohaus der Welt, zumindest in einem Fall der Kindersegen ausgeblieben, nämlich im Fall seines ältesten Sohnes Jonas Porst? Ungefähr in der Zeit nach meiner Konfirmation haben sich unsere Vergnügungen vom Fußball mehr und mehr abgewendet. In vielen Kohlenkellern sind durch Umschichten der Kohlevorräte, durch Plakatanklebungen, durch Anbringen Zwielicht erzeugender, rot bemalter Glühbirnen und Installation enorm Dezibel erzeugender Plattenspieler sogenannte Party-Keller entstanden. Einer beim Dentistensohn Uli Heime, einer beim Arnulf, genannt Muffers Deffner, einer beim Wulf II Stempel-Müller, einer beim Franz Staudinger und einer, wenn auch sehr notdürftig, bei mir. Beim Wulf I Weidner, meinem Dichterfreund, ist keiner entstanden, aber es hat bei ihm die erste Party im ganzen Viertel stattgefunden, teils im ausgeräumten Wohnzimmer, teils im Garten. Die Kleiderordnung für den Besuch einer Party hat meine Mutter sehr ernst genommen: »Da ziehst deinen Konfirmationsanzug an. Anders lass ich dich nicht zu den Weidners.« Exotischer als im Konfirmationsanzug mit weißem Hemd und schwarzer Fliege hätte ich auf der Party — hat bei uns »Barddy« geheißen, da wir mit der Aussprache harter Konsonanten wie »P« und »T« sehr fremdeln — also

exotischer hätte ich gar nicht erscheinen können. Falls es eine männliche Form vom Mauerblümchen gibt – so, als Mauerblümerich –, hab ich dank meiner Maskierung als Konfirmand den größten Teil meiner ersten Barddy vor mich hin gelitten. Bis die Chaostheorie in Gestalt einer Bärbel Umbreit, wohnhaft damals in Zabo, auf mich Zwangskonfirmand zugegangen ist und mir das Wort »Damenwahl« ins frisch gewaschene Ohr gehaucht hat, obwohl überhaupt keine Damenwahl gewesen ist. Ob man unsere nachfolgende Tätigkeit, zu zweit allein im Wohnzimmer sich ganz vorsichtig und sehr eng aneinandergepresst ein bisschen im Takt von *Love me tender* bewegend, ob man das Tanzen nennen kann, glaub ich eher nicht. Heiß ist es mir aber schon geworden, an vielen Körperstellen. Erst wie die Frau Weidner, die Mutter vom Wulf, in dem schon leicht dämmrigen Wohnzimmer aufgetaucht ist und wissen hat wollen, was wir zwei da machen, und uns mit dem Befehl »Jetzt aber sofort auseinander!« zu den anderen Barddy-Teilnehmern in den Garten gescheucht hat, haben meine Schweißausbrüche nachgelassen. Die Bärbel Umbreit, natürlich Babs genannt, hat aber nicht nachgelassen. »Morgen«, hat sie mir so oder so ähnlich nachgeflüstert, »morgen ist auch noch ein Tag und ein Abend und ein naher Burggraben.« Und sie warte auf mich kurz nach Schulschluss am Rathenauplatz. Da hab ich dann an dem in Aussicht gestellten anderen Tag zwei Stunden lang auf die Babs gewartet, bis mir jemand gesagt hat: »Die Babs? Auf die Babs wartest du? Die ist vor über zwei Stunden vom Jonas abgeholt worden. Da kannst lang warten.« Es hat sich dabei um besagten Jonas Porst gehandelt, als ältester Sohn vom Hannsheinz Porst zu der Zeit noch stinkreich und sehr begehrt von allen Babsen.

So ähnlich ist es mir dann auch noch mit der Heidi Moser gegangen, die später eine sehr berühmte Maskenbildnerin ge-

worden ist. Sie hat mir, wie sie noch unberühmt gewesen ist, mitteilen lassen, dass ich ihr viel zu jung und unerfahren bin. Älter und erfahrener und mein sofortiger Nachfolger ist in dem Fall der Dieter Deffner gewesen, der Bruder vom Muffers. Wie das funktioniert mit der Chaostheorie und dem Schmetterlings-effekt, hab ich bis heute nicht begriffen. Also dass der Flügel-schlag eines Schmetterlings in Texas einen Tornado in Mexiko auslösen kann. Ungefähr so wie meine Randsteinhupferei?

Was wäre gewesen, wenn dem sehr gelehrten Dr. Martin Luther eines Nachts ein Hirnpropfen die Denkröhrchen nicht verstopft hätte und ihm das anschließend scheint's sehr beliebte Schriftlein *Von den Juden und ihren Lügen* nicht aus dem Gänsekiel gelaufen wär? Unter anderem mit dem Hetz- und Hassgedicht »Trau keinem Wolf auf wilder Heiden, auch keinem Jud auf seine Eiden, glaub keinem Papst auf sein Gewissen, wirst sonst von allen Drei'n beschissen.« Jenes Gedicht, das die am Federhalter auch gern geifernde Nürnberger Hirnheinerin Elvira Theodolin-de Bauer sechshundert Jahre später wie folgt umgedichtet hat: »Glaub keinem Fuchs auf grüner Heid und keinem Jud bei sei-nem Eid.« Jenes religiös gut eingebettete Gedicht, das kurz nach dem Heil-Hitler-Jahr 1933 auf einem Haus direkt neben der Nürnberger Frauenkirche in größten Großbuchstaben geprangt hat wie auch auf der Titelseite eines Kinderbuchs, erschienen in Julius Streichers Stürmer-Verlag. Und alle zwei haben es nicht überlebt. Nicht das Haus am Hauptmarkt, nicht die Frauenkir-che. Und zusätzlich auch nicht sechs Millionen in den Konzen-trationslagern ermordete Juden und ungefähr fünfundsechzig Millionen weitere durch den Krieg getötete Menschen. Was wär gewesen? Was wär aus unserer Welt geworden, was aus un-serem Leben, was aus meinem Leben? Was wäre gewesen, ohne den Hirnpfropfneffekt eines Herrn Dr. Martin Luther, nur zum

Beispiel jetzt? Das Kinderbüchlein mit dem Titel »Trau keinem Fuchs auf grüner Heid und keinem Jud bei seinem Eid« gibt es heute noch, kannst im Internet kaufen. Für den Fall, dass jemand an chronischer Hirnverpfropfung leidet. Was heute, inzwischen immer öfter, durchaus vorkommt.

Ganz selten, bei feierlichsten Familienfesten, hab ich einen winzigen Schluck Wein aus den schön geschliffenen Gläsern des
Sonntags-Service nippen dürfen. Auch haben bei uns im großen
Wohnzimmer, das Herrenzimmer geheißen hat und vom kleinen Wohnzimmer durch eine gläserne Schiebetür abgetrennt
worden ist, in jeder Hinsicht dröhnende Kartelabende mit der
gesamten Verwandtschaft vor sich hingenebelt. Genebelt hat
es mittels des Zigarettenrauchs, der sich oft bis zur kompletten
Undurchsichtigkeit gesteigert hat, das Dröhnen wiederum ist
meinem Vater und meinem Onkel Robert vorbehalten geblieben – wenn sie, den Alten (den Eichel-Ober) auf den Tisch dreschend, mit dem allerletzten Stich ihr schon verloren geglaubtes
Spiel doch noch gewonnen haben. Ist aber der Onkel Robert
beim mindestens dreimaligen Nachzählen immer nur auf 59 statt
auf 61 Augen gekommen, so hat er keineswegs den üblichen
Schafkopfspruch geknurrt »Kurz vuurn Abordd in die Huusn
gschissn«, sondern vornehmst hochfranzösisch: »Mon dieu!«
Sprachliches Relikt aus der schlechten alten Zeit: Mein Lieb-
lingsonkel Robert ist – während der Flucht im April 1945 nur
noch wenige Kilometer von der rettenden Ziegelsteinstraße 112
entfernt – von amerikanischen Soldaten entdeckt und in französische Kriegsgefangenschaft verfrachtet worden. Für zwei nicht
besonders lustige Jahre. Mon dieu! Mein Gott, was wäre gewesen, wenn sie den Onkel Robert nicht erwischt hätten. Manchmal hab ich auch vom Onkel Robert seinem Bier einen Schluck
oder zwei oder drei probieren dürfen.

Dass man ein Bier oder einen Wein oder einen Schnaps durchaus auch in größeren Dosen als drei Schluck zu sich nehmen kann – für diese wunderliche Erfahrung ist dann kurz nach meiner Konfirmanden-Epoche abermals ein Party-Keller in Kraft getreten, im Zusammenhang mit der nächsten vergeblichen, weil sofort wieder gelöschten Herzensentflammung. Beim Uli Heime in der Kinkelstraße, einen halben Kilometer entfernt von unserem eigentlichen Operationsgebiet. Und die Flamme hat Margot geheißen, Pallaske mit Nachnamen. Erster Sieger beim Party-Kellerwettbewerb um die wahrlich nicht verschnitzte Zahntechnikerin: kann man sich denken – schon wieder mein Freund und Co-Luftschlossdichter Wulf Weidner. Womit ich den schwersten Herzschmerz bekämpft hab in dieser Nacht, weiß ich nicht mehr genau – können zwei Biere gewesen sein, drei oder auch vier, einige Zwetschgengeister, diverse Weine, was weiß ich. Was ich aber noch weiß: Halb ohnmächtig und wie mit knapp unterhalb der Knie abgeschnittenen Beinen haben mich die Freunde, auch der ursächlich an meinem Totalverfall beteiligte Wulf, die Treppen aus dem Party-Keller nach oben an die erst recht furchtbar wirkende Frischluft geschleift, durch (jetzt nur für Mögeldorfer Lokal-Geografen interessant) die Kinkelstraße, am Wirtshaus *Volksgarten* vorbei, durch den Mögeldorfer Tunnel, die Schmausenbuckstraße, Blütenstraße, Eichenstraße bis in die heimatliche Farnstraße. Der Transport einer Alkohol- und Herzschmerzleiche muss sehr anstrengend gewesen sein. So anstrengend, dass sie mich an die Gartentür notdürftig angelehnt, am Klingelschild bei Schamberger geläutet und sich dann davongemacht haben. Und wie mein Vater mitten in der Nacht auf den Türöffner gedrückt hat, ist die Gartentür zusammen mit mir nach innen geschwungen. Die Gartentür aufrecht und ich waagerecht. Wie mein Vater bei der anschließenden Betrachtung seines im Vorgärtchen

darniederliegenden ältesten und bis dahin vielleicht hoffnungsvollen Sohnes reagiert hat, ist meiner Erinnerung entfallen. Ich
glaub, ich hab danach bei den Familien-Schafkopfabenden nicht
mehr vom Wein nippen dürfen. Nur noch, heimlich und ganz
selten im Wohnzimmernebel, vom Onkel Robert seinem Bier.

o o o

Physik im Schweinestall

In der Schule ist es zügig weitergegangen, zügig abwärts. Falls
es von dem Wort »abwärts« die zwei hier angebrachten Steige-
rungsformen geben sollte: Ohne meinen Vorzugs-Kuseng Gert,
Sohn von der Tante Sofie und dem Onkel Robert und naturwissenschaftlichen Vollbescheidwisser, wär in diesem Realgymnasium alles noch wesentlich abwärtser, wenn nicht sogar abwärtsest
verlaufen. Eines Tages hat sich der um zwei Monate jüngere Kuseng meiner erbarmt und mir im nächsten grauenhaften Schulfach nach Mathematik und Chemie, nämlich Physik, kostenlose
Nachhilfestunden erteilt. Muss man wissen, dass der spätere
Elektroingenieur, dann Leiter der Zirndorfer Stadtwerke, dann
SPD-Bürgermeister von Zirndorf, physikalisch schwer auf Draht
gewesen ist. In sehr jungen Jahren, vielleicht mit elf oder zwölf
oder noch jünger, hat er mit mir zusammen im einstigen Hüh-
ner- oder auch Schweinestall des Ziegelsteiner Siedlungshäus-
chens einen elektronisch außerordentlich komplizierten Apparat
zusammengeschweißt, von dessen einstiger Existenz man heute
überhaupt nichts mehr ahnt: einen Detektor. Ein Detektor, das
ist ein Wirrwarr von Drähten und Spulen und Magneten und
Strahlungen und Zeuch und Woar, da macht sich ein Elektro-
Depp wie ich keinen Begriff davon. Unsere Zusammenarbeit

hat sich so gestaltet, dass der Gert Pläne erarbeitet, gelötet, geschraubt, eingefettet, abgedichtet und was weiß ich noch alles gemacht hat. Und ich hab, großes Interesse und Fachkundigkeit mimend (bis heute mein Spezialgebiet), zugeschaut. Und nach einigen Tagen hat mir mein Kuseng Kopfhörer übergestülpt, irgendwelche Knöpfe oder Regler gedreht und mich aufgeregt gefragt: »Hörst was?« Und tatsächlich hab ich was gehört, nämlich dass die Tante Sofie von der Küche her gerufen hat, wir sollen uns die Hände waschen, das Abendessen ist fertig. Aber einige Tage später hat der Detektor in seiner Eigenschaft als selbst gebasteltes Ersatzradiogerät wirklich funktioniert, und wir haben außer der Tante Sofie aus weltweiter Ferne Musik gehört und auch Nachrichten, auf Russisch, glaub ich.

Mindestens genausogut oder fast noch besser haben dem Gert seine Nachhilfestunden in Physik funktioniert. Den elektrischen Strom und den Ohm'schen Widerstand zum Beispiel hat er mir an einem anderen Beispiel, nämlich einem ja manchmal auch strömenden Fluss, so anschaulich erklärt, dass ich einmal in einer Physik-Schulaufgabe statt den fest abonnierten Fünfern und Sechsern einen Dreier geschrieben hab. Könnt sogar eine Drei plus gewesen sein. Als Ausgleich für den daheim sehr segensreich wirkenden Dreier hab ich dem Gert leider nicht viel bieten können. Lediglich viele Nachhilfestunden in der fußballerischen Nebensparte »Bauern aus dem Land treiben«. So hat das Spiel wirklich geheißen und ist folgendermaßen ausgeübt worden: Einer der zwei Bauern-aus-dem-Land-Treiber hat den Ball geschossen, und wo der Schuss gelandet ist – nur von dort hat der Gegenspieler zurückhämmern dürfen. Wer das Leder unwiederbringlich ganz weit weg geknallt hat, in den nächsten Garten oder in ein Küchenfenster oder auf die Straßenbahnschienen der Ziegelsteinstraße, der hat gewonnen. Detektoren

zusammenlöten, die Lokomotive der nur an Weihnachten aufge-
bauten Trix-Eisenbahn zum Fahren bringen, Trafos anschließen,
am Schluss sogar richtige Radioapparate konstruieren – das hat
der Gert tausend Mal besser als ich gekonnt. Weil ich es überhaupt
nicht gekonnt habe. Aber morlockmäßig, beim Fußballspielen im
Ziegelsteiner Bauernwäldla, hab meistens ich gewonnen. Einziger
Haken: Vom Fußball-Weitschießen im Bauernwäldla kriegst du
in einer Physik-Schulaufgabe niemals eine Drei plus.

16 / WEM DER MORLOCK GEHÖRT HAT

Es gibt ja viele blödsinnige Sprichwörter; eines der blödsinnigsten »Es ist süß und ehrenvoll, fürs Vaterland zu sterben« (*Dulce et decorum est pro patria mori*, genannt auch »Die alte Lüge« – haben wir beim Dr. A. gelernt und voller freudiger Sterbenshoffnung interpretiert) hab ich schon besprochen. Ein anderes, nicht ganz so blödsinnig, aber auch seltsam, lautet: »Aus den Augen, aus dem Sinn«. Stimmt nämlich auch nicht. Aus den Augen hab ich den Max Morlock infolge Interessenverlagerung zugunsten Bill Haleys, intensiven Radio-Horchens von *AFN* und der wunderbaren Sendung *Bouncing in Bavaria*, Keller-Barddys, Glenn Millers, des Idiotenecks, unholder Weiblichkeit und so weiter durchaus eine Zeit lang verloren; aus dem Sinn ist er mir überhaupt nicht gegangen. Wahrscheinlich hat der sich nicht immer auf der Höhe der Zeit befindliche Volksmund, Verfasser des Sinnspruchs, den Max Morlock nicht gekannt. Denn wie könnte mir jemand aus dem Sinn entschwinden, der in meinen Sinn fest verpflanzt ist? Bis heute und, so es der Herrgott will, noch ein paar Pfund Zeit drüber hinaus. Ganz nah ist mir der Morlock im Gehörsinn erschienen: Am 4. Juli 1954, später Nachmittag, sind wir, einige Fußballspieler des immer noch existierenden Schafbemberlaswiesen-Vereins, bei uns daheim im Wohnzimmer vor dem riesigen, mit einem magischen Auge behafteten Radio am Boden gelegen. Wir, der Wulf Weidner, sein kleiner Bruder Gaze und ich, der Gaggi.

Muss ich jetzt einschieben, dass der Wulf Weidner in diesem Jahr oder vielleicht auch ein bisschen früher in seinem Fundus,

Abteilung Grober Unfug, auf einen schweren Mangel unseres gemeinschaftlichen Daseins gestoßen ist? Nämlich: Wir haben keine Spitznamen gehabt. Und schon hat er den Mangel behoben: »Du bist jetzt der Gaze und du der Gaggi und ich heiß Gerry.« Und der Wulf II Müller hat ab sofort auf den Spitznamen Glenn hören müssen, eingedenk des von uns sehr verehrten amerikanischen Posaunisten Glenn Miller. Ich erwähn es deswegen, weil haltbarkeitsmäßig interessant: Die Spitznamen Gerry, Glenn und Gott sei Dank auch mein mir anbefohlener Künstlername Gaggi haben sich nicht lang halten können; das seltsame »Gaze« jedoch, für den Gerhard Weidner, existiert heute noch. Ähnlich wie die worauf auch immer beruhenden, herkunftsmäßig nur unvollständig erforschbaren Spitznamen Muffers, Fiffi, Stau, Ewig, Karpfn, Kasi, Kullo, Bember, Didschgo, Zwerch, Bladdn (Baumann), Geuze, Wurschdi, Krassus, Higerl. Bombom (fränkisch gesprochen, geschrieben Bonbon) als lautmalerisches Pseudonym für einen häufig in der Farbe eines Himbeerbonbons gesichtserrötenden Club-Präsidenten ist später auch vom berühmten Volksmund erfunden worden.

Der Gaze jedenfalls, damals, 1954, gerade einmal halbpubertär, wenn überhaupt, hat den Nationalerwachungsfeiertag am 4. Juli buchstäblich wie im Rausch und folglich im schweren Boden- und Hirnnebel erlebt. Jahre später und heute noch erinnert er sich an das 3:1 gegen Ungarn ungefähr so: »Ich weiß nix mehr – nur noch das, dass mir meine Mutter daheim einen kalten Umschlag auf die Stirn gemacht hat.« Mit anderen, ortsansässigen Worten: bsuffn bis übern Oorsch nunter. Oder, damals wie heute auch gern verwendet: wie tausend Russn. Im zarten Alter von nicht einmal 13 Jahren. Angeblich habe mein am 4. Juli 1954 aus Versehen anwesender Vater zur Feier der Weltmeisterschaft einen Schnaps serviert. Oder auch mehrere Schnäpse.

Ob in echt oder nur im eingenebelten Hirn vom Gaze, ist nicht überliefert. Von mir weiß ich nur noch, dass ich die Radioübertragung stocknüchtern erlebt hab, einerseits, andererseits in vollkommener Ekstase. Weil, das kannst hundertfünfzig- bis zweihundertprozentig annehmen: Ohne die instinktmäßig auf voller Höhe befindliche rechte große Zehe vom Max Morlock, die nach schneller 2:0-Führung das Anschlusstor zum 2:1 am Grosicz vorbei über die Torlinie geschoben hat, wär's nix geworden mit dem Weltmeistertitel. Und auch nix mit dem dummdreisten, nach neun Jahren schlechtem Gewissen plötzlich wiedererwachten National-Gefasel »Wir sind wieder wer«. Auf jener Welt, die wir fast zugrunde gebombt hatten. Dass einige Zeit nach dem sogenannten Wunder von Bern fast die ganze Mannschaft, auch der Morlock, an Gelbsucht erkrankt ist, angeblich wegen eines Bakterienbefalls der verabreichten Vitaminspritzen, hab ich durchaus mitgekriegt, aber überhaupt nicht wissen wollen. Und das Geldfieber, heute der tiefere Sinn des weltweiten Fußballersklavenhandels? Hat sich in sehr engen Grenzen gehalten. Geheim und vermutlich bar auf die Hand hat der Morlock fünfhundert D-Mark bekommen. Also ungefähr zweihundertfünfzig Euro. Die verdient heut ein international gelisteter Zugvogel pro Minute. Ob der Zugvogel aber manchmal an eines der besten Sprichwörter überhaupt denkt, dass das letzte Hemd keine Taschen hat, ist mehr als fraglich.

Einmal, in den Achtzigerjahren des vergangenen Jahrhunderts, ist die große Geheimniskrämerkiste des 1. FC Nürnberg ein bisschen gelüftet worden, und es ist aus Versehen in die Öffentlichkeit entwichen, dass ein Fußballspieler, also zweifellos ein Mensch, nicht wie gewünscht verscherbelt werden kann, weil er als Sicherheitshinterlegung einer Bank in Oberfranken gehört. Und ich hab mir bei der Gelegenheit den Satz aufgeschrieben:

»Der Morlock hat niemals einer Bank gehört, sondern einzig und allein erstens sich selber und zweitens uns.«

In die Verlegenheit bist du als hoffnungsloser Handballspieler des 1. FC Nürnberg nie gekommen – dass du eines Tages einer Bank als Sicherheit übereignet wirst oder einem Präsidenten gehörst oder einem Spielervermittler. Ich schon gleich gar nicht. Ungefähr ein Meter fünfundsechzig endlich groß geworden, bin ich für diese irrtümlich gewählte Art von Leibesübung entschieden mindestens dreißig Zentimeter zu kurz gewesen. Muss man noch wissen, dass wir damals auf einem Großfeld gespielt haben, das die Ausmaße eines Fußballplatzes gehabt hat. Und der sogenannte Wurfkreis, den man nicht betreten hat dürfen, zwölf Meter vom Tor entfernt gewesen ist. Nach zwei, drei Jahren schweißtreibender Übungen bin ich kraft meiner Puddingmuskeln mit Torwürfen allenfalls sechs Meter weit gekommen. Gut, vielleicht sind es manchmal auch zehn Meter gewesen. Aber wenn du dann von einem gegnerischen Torhüter hörst, wie er seinem Verteidiger zuraunt »Den Glann aff Linksaußn konnsd ruhich werfn lassn, der reißd nix«, und du selber bist der Glanne aff Linksaußn, der nix reißt – da schwindet die Begeisterung von erfolglosem Spiel zu erfolglosem Spiel immer ein bisschen mehr. Die Körpergröße allein ist es ja zudem auch nicht gewesen, dass ich eine handballerische Null geworden bin. Weil, nimmst einmal den sogenannten Kasi – Spitzname abgeleitet von seinem sehr erfolgreichen Vater Kasimir Riedel. Der Kasi, standesamtlich Günther Riedel, ist sogar um ein paar Zentimeter kleiner gewesen als ich, aber handballsportlich ein Höhenflieger immensen Ausmaßes und zusätzlich, von der kleinen Zehe bis zum Scheitel und von da wieder zurück in den Wurfarm, ausgestattet mit einem Ehrgeiz, dass du sagst, das gibt es auf der Welt keine zwei Mal. Sieht man schon daran, dass der Kasi auch beruflich stets

auf Höhenflug unterwegs gewesen ist: vom kaufmännischen Stift, wie man früher den Lehrling wie auch die Lehrlingin genannt hat, bis ganz hoch hinauf im Mögeldorfer Business Tower, bis zum Vorstandsvorsitzenden, und alles in einem einzigen Konzern, der Nürnberger Versicherung. Und mein Ehrgeiz? Seit der Sache mit der voll verschlafenen Morlockwerdung seinerzeit ziemlich im Eimer. Schulisch sowieso, weil ich nicht geahnt hab, dass man für die gar nicht so seltene Paarung »Stinkfaulheit plus schwere Kopfballschäden« später einmal spürbar und lang büßen muss. Sportlich bin ich aber, als Nebenerwerbs-Morlock, dem Ball treu geblieben. Dem Fußball. In unserem Schafscheiß-Stadion auf der Holweg-Wiese ist zwar inzwischen schon das nicht nur dem Fußball zugrunde liegende Geldfieber ausgebrochen in Form größtzügiger Baulandzuweisungen. Aber ein paar andere Wiesen hat es schon gegeben. Noch.

ooo

Der Kleinbauer Städtler in der Blechdachfalle

Bevor jetzt unsere Fußballwiese und die kleine Barackensiedlung dem wie goldenen Erdboden gleichgemacht werden, bis dahin Unterkünfte der Familien Lobewein, Boboti, der Weihnachtsgans-Lieferantin Frau Brückner und dem Sepp Büchler, Henner- (hochdeutsch: Hühner-)Züchter und ambulanter Eierverkäufer, bevor wir also aus unserem Paradies ungefragt ausgesiedelt worden sind, muss ich noch die für uns sehr interessante Angelegenheit mit dem dort ebenfalls lebenden Kleinbauern Städtler hinschreiben. Der Kleinbauer Städtler, Inhaber einiger Stallschweine und, glaub ich, einer mageren Kuh, hat nur ein komplettes Bein gehabt, das andere ist aus Holz gewesen. Vermutlich

ein Relikt des Dankes vom Vaterland. Hinten am Städtler seiner Baracke hat sich, von uns sorgfältig ausgekundschaftet, ein Plumps-Abort befunden – ein Bretterhäuschen mit Sitzloch, drunter die Grube für Hineinplumpsen der Notdurft. Und was uns betrifft – unser mit einem großen Blech abgedecktes Loochala (Lagerlein) auf der Wiese hat sich wegen der eingangs erwähnten Paradies-Bebauung auflösen müssen. Zuschütten ist kein Problem gewesen, aber was macht man jetzt mit einem übrig gebliebenen Blechdach? Ist ganz einfach und hätte jedem anderen Kinderhirn entspringen können: Abwarten, bis der Kleinbauer Städtler in seinen Plumps-Abort humpelt, das Blech zu viert ergreifen und blitzschnell über die freiliegende Grube schieben. Dann warten und lauschen, bis dem Städtler seine Notdurft keinesfalls geschmeidig in die Grube rutscht, sondern auf das Blech fällt und dabei derartig donnert, dass der Städtler vor Angst käseweiß im Gesicht und mit in den Knien schlackernder Hose aus dem Abort raushupft, soweit man bei einem einbeinigen Bauern von Hupfen sprechen kann. Wir haben uns halb kaputt gelacht, der Städtler nicht; er hat es uns mit Recht nie verziehen und uns mit erhobener Faust nachgeschrien: »Ihr elendichn Saugribbl, ihr elendichn!«

Noch eine Kinderhirnverbranntheit – unser Umgang mit dem Heinz, nicht zu verwechseln mit dem Heinzi Rübsamen. Wo der Heinz unbekannten Nachnamens daheim gewesen ist, weiß ich nicht. Vielleicht irgendwo hinter dem Mögeldorfer Bahnhof. Von da oder von wo auch immer ist der Heinz jeden Tag mit seinem kleinen Hund über die Schmausenbuckstraße gewetzt, dann durch die Blütenstraße bis zum schotterbedeckten Schwarzen Weg, durch die Gleißhammerstraße und wieder zurück. Immer im Schnellgang, immer mit seinem Hündchen namens Lum-

pi sprechend, immer mit angstvollem Blick nach allen Seiten. Manchmal hat er irgendwie meckernd gradnaus gelacht, obwohl es nichts zum Lachen gegeben hat. Und seine Brillengläser sind so stark vergrößernd gewesen, dass uns die Augen vom Heinz wie hinter zwei Butzenscheiben vorgekommen sind. Durch Altnürnberger Butzenscheiben kann man wegen der Krümmung bekanntlich kaum nach innen blicken. Am Anfang haben wir vor ihm Angst gehabt, aber dann hat, glaub ich, der Staudinger einmal seine Eltern gefragt, warum der Heinz immer so schnell rennt, grundlos lacht, schwer durchschaubar ist und nur mit seinem Lumpi spricht. Danach hat uns der Staudinger wissen lassen: »Der tut nix. Der Heinz is bloß blemblem. Entweder is er schon blemblem auf die Welt gekommen, oder er ist im Krieg verschüttet gewesen und erst dann blemblem geworden.«

Tapfer geworden und erfinderisch, haben wir bald ein sehr lustiges Spiel entdeckt. Es hat geheißen: »Wer macht mit, dredz mer a weng in Heinz«. »A weng« ist nicht chinesisch, sondern Nürnbergerisch – ein wenig. Und »dredzn« heißt in dem Fall, dass wir Kinder einen durch den Bombenkrieg vollkommen derangierten Menschen in Angst und Schrecken versetzt haben. Es hat ganz einfach funktioniert, man hat nur am Schwarzen Weg einen Schotterstein aufheben und so tun müssen, als werfe man ihn auf den Heinz oder seinen Lumpi. Schon ist der Heinz vor lauter Panik zuerst fast über seine Füße gestolpert und dann, den Lumpi im Arm und um Hilfe schreiend, in Höchstgeschwindigkeit fast bis nach Gleißhammer gerannt, als sei der Teufel hinter ihm her. Geschämt haben wir uns für die Menschenquälerei keine Sekunde lang. Höchstens ein paar Jahre später, aber da war der Heinz schon nicht mehr am Leben.

Vielleicht ist an der metaphysischen Sache mit der Sündenschuld doch was dran. Indem sie eines Tages in Kraft tritt und

dich gottsunerbärmlich abstraft, wenn du an deine begangenen Missetaten in keiner Weise mehr denkst und dich seelenruhig in Sicherheit wiegst. Bei mir hat sich das Verbüßen einer Sündenschuld mit fünf Fünfern im Winterzeugnis gemeldet, zusätzlich der Bemerkung »Vorrücken sehr gefährdet, er wird die Klasse nicht mehr wiederholen dürfen«. Hätt ich den Heinz halt menschlich behandelt. Allerdings ist es mit dem Adjektiv »menschlich« auch so eine zweischneidige Sache: Kriegführen ist menschlich, Barmherzigkeit ist menschlich. Kennt jemand einen barmherzigen Krieg? Kann man scheint's alles nur so erklären, dass es sich bei der Menschlichkeit um eine Medaille handelt mit zwei grundverschiedenen Seiten.

○ ○ ○

Was ist ein Existenzialismus?

Wie das funktioniert, wissen auch bloß die Götter – dass man sich unwichtigste Nebensächlichkeiten ein Leben lang merkt. So werd ich mir vermutlich bis zum Schluss Folgendes ins Gedächtnis eingelagert haben: Wie unsere Haushaltshilfe, die Frau Schlosser, mir beim extrem seltenen Genuss einer Tafel Schokolade den unmittelbar bevorstehenden Tod vorhergesagt hat. »Wenn du nur ein Fitzelchen von dem Silberpapier verschluckst«, hat sie gesagt, »dann stirbst du.« Der tiefere Sinn der Warnung vor einem Quadratmillimeter angeblich tödlichen Silberpapiers geht mir bis heute ab. Oder eine Begebenheit mit einem meiner zahlreichen Schuldirektoren, in dem Fall mit dem Gründer und langjährigen Leiter der Nürnberger Adolf-Reichwein-Schule, dem Hans-Heinrich Hitzler. Der hat uns gestrandete oder schwer havarierte Ex-Insassen staatlicher Gymnasien

einmal ein bisschen an der Philosophie im Allgemeinen und am Existenzialismus im Besonderen schnuppern lassen wollen und uns gefragt, was wir von diesem damals massiv im Schwang befindlichen Existenzialismus wissen. Meine Antwort eine nie vergessene Peinlichkeit: »Existenzialisten – das sind, glaub ich, so Leut', die immer im Rollkragenpullover rumlaufen. Oder?« Meine wahrlich tief fundierte Einschätzung hat aber auf Tatsachen gefußt, nämlich auf der Tatsache, dass ich einmal ein Foto von Jean-Paul Sartre gesehen hab, auf dem der Vordenker des Existenzialismus einen Rollkragenpullover getragen hat. Das ist ungefähr in der Zeit ein Jahr nach meiner Konfirmation gewesen. Dass da die Kindheit ihre Existenz aushaucht – wer weiß das schon? Und wer weiß, was für ein gerade die Kindheit verlierendes Kind danach kommt? Und ob überhaupt was kommt. Sicher ist sicher, hab ich mir gedacht, kaufst dir für den Fall der Fälle zunächst einmal irgendein Buch von diesem Sartre. Und vielleicht noch was von Albert Camus. Von dem einen Philosophen das rororo-Bändchen *Der Ekel,* vom anderen *Die Pest.* Was Bücher betrifft, gibt es, hab ich später gelernt, drei wesentliche Handlungen: das Kaufen, das Lesen, das Verstehen.

Einigermaßen glatt ist bei mir das Kaufen von Büchern über die Bühne gegangen. Und die beiden anderen Punkte hab ich umgewandelt in erstens die Bücher gut sichtbar spazieren tragen und sie zweitens im alten Club-Bad in Zabo so auf die Decke drapieren, Titelblatt nach oben, dass es jeder im Vorbeigehen sehen und sich denken soll »Leckst mich am Arsch, is der g'scheit – liest Sartre und Camus!« Die zwei Bücher quasi als Schaufenster meines intellektuellen Innenlebens haben mir eine Zeit lang aber keinesfalls den Ruf eingebracht, ich sei philosophisch hochgebildet, sondern vielmehr die Einschätzung, dass ich ein selten arrogantes Arschloch bin. Wer will jetzt schon mit dem Doktortitel w.c.,

also als arrogantes Arschloch, umeinanderflanieren, noch dazu im alten Club-Bad, keine hundert Meter von der Hauptkampfbahn, wie das geheißen hat, entfernt, in der ein Max Morlock von Woche zu Woche immer berühmter geworden ist. Als Fußballkünstler. Beschämt oder unbeschämt weiß ich nicht mehr – jedenfalls hab ich den Ekel und die Pest da gelagert, wo sie vorläufig ganz gut aufgehoben waren, im Bücherregal. Den sowieso vergeblichen Kampf Bildung gegen Einbildung aufgegeben. Und hab mich anschließend endlich wieder der Kunst gewidmet, in der ich zwar kein Morlock gewesen bin, aber immerhin nicht so schlecht wie im Fach Existenzialphilosophie.

° ° °

Unterm Sprungturm

Fußball also im alten Club-Bad, die Zeit verplempern, beziehungsweise sie in den trüben Fluten des Zerzabelshofer Schwimmerbeckens versenken. Das ist aber natürlich zuerst einmal die Frage: Wie kann man was verplempern, das es nicht gibt? Und selbst wenn es die Zeit gäbe – was recht viel Besseres könnte man mit ihr nicht machen, als sie in majestätischer Stinkfaulheit im alten Club-Bad zu verbringen. Nur ein kleines großes Beispiel: Ich habe dort, unterhalb vom Fünf-Meter-Sprungturm, mitten im Nichtstun ein Fräulein Inge Fleischmann zum ersten Mal gesehen. Wir gehören uns heut noch.

Das alte Club-Bad befand sich ungefähr dort, wo im Allerweltsgebot der Rentabilität ein paar Jahre später extrem schmuck- und leblose Wohnklötze errichtet worden sind, die bis heute, sehnsüchtig nach schöner Architektur, Tag und Nacht zu den benachbarten Schrebergartenhütten nüberglotzen. Es ist in die-

ser längst ausgelaufenen Badeanstalt mitten in Zabo nicht nur geschwommen, gewasserballt sowie der Rücken sehr ansehnlicher Mädchen eingeniveat oder tirolernussgeölt, sondern auch gedschambelt worden. Wo letzteres Verbum, nämlich »dschambeln«, herkunftsmäßig einzuordnen ist, weiß ich nicht. Es geht die Sage, hab ich mich später von einer Sprachforscherin belehren lassen, dschambeln stamme von dem französischen Substantiv *la jambe*, das Bein, ab. Also ein sehr geschmeidig eingenürnberger-ter Gallizismus ähnlich dem Schmiisla, abgeleitet vom kleinen Hemd, der *chemisette*, oder dem Bodschamber für Nachttopf, dem das französische *pot de chambre* zugrunde liegt. Ob es mit *la jambe* seine Richtigkeit hat oder nicht, ist aber wurschd. Solche Wortumbildungen find ich sehr schön, weil verbrüdernd; oder meinetwegen verschwesternd. Was ich im Gegensatz zur etymologischen Forschung des Dschambelns aber ganz genau weiß: dass meist auf den Befehl eines maßgeblichen Ballbehandlers beziehungsweise -befüßlers das Schwimmen in der Club-Ba-debrüh, das Wasserballspielen oder das Einschmieren zierlicher Rücken mit Tiroler Nussöl oder Nivea infolge des Rufs »Wer doudn miid? A weng dschambln« sofort eingestellt worden ist.

Dschambln – das ist die Ausübung von Fußballkunst auf allerhöchstem Niveau. Niveau, gell! Nicht zu verwechseln mit Nivea. Und zwar Dschambln in der Kategorie Schwarz-Weiß, also eine schwarze Mannschaft gegen eine weiße Mannschaft auf ein aus den zwei alten Lindenbäumen am Zaun bestehendes Tor. Ein Torhüter, neutral und unparteiisch, nach drei Ecken Elfmeter, und gezählt haben nur aus der Luft oder mit dem Kopf erzielte Treffer. Wer das nicht gesehen hat – einen Staibs Jürgen waagrecht in der Luft schwebend den Ball voll abfassend, seinen Bruder Dieter, genannt Didschgo, das Leder aus der Drehung voll in die nicht vorhandene Gambl dreschend, den Bernd Städtler

(weder verwandt noch verschwägert mit dem Kleinbauern Städtler) »Schau mi oo!« brüllend und das daraufhin sofort erfolgte Abspiel mit dem Hinterkopf lässig hinter die gedachte Torlinie erfolgreich abschließend –, wer das also nie erleben hat dürfen, der weiß nicht, was Fußball eigentlich ist. Und um die Sache zu vertiefen: Ein Absatzkick vom Otti Ruckdeschel als zentimeter-, wenn nicht sogar millimetergenaue Vorlage für den Biermanns Heinz, und der weiter zum Klaus Autenrieth und dann mit dem Außenrist abtropfen lassen ins untere linke Eck zum 10:9-Siegtreffer für uns, das hat die Welt noch nicht gesehen. Weil sie nicht hergeschaut hat, die Welt. Hätte es damals im Club-Bad Sichtungen seitens eines DFB-Sklaventreibers gegeben, wir hätten alle miteinander, der spätere Zahndoktor und Jazzer Werner Riedel, der sporadisch als Bademeister und Nebenerwerbsdichter tätige Rudi Weickmann, nicht zu vergessen auch der hauptamtliche Wasserballtorhüter und nachmalige Apotheker Werner Kühnel, genannt Zwerch, alle miteinander hätten wir unsere sehr schönen Heimaten Zerzabelshof und Mögeldorf stehenden wie auch schießenden Fußes verlassen müssen, um auf dringlichen Wunsch des damaligen Bundestrainers das Rückgrat der deutschen Nationalmannschaft zu bilden. Obwohl mir das National-Herbergerische sowieso auf den Senkel geht. Um es einmal sehr vornehm auszudrücken. Weil das womöglich der Sitz der Übelkeit sein könnte. Die heutigen Leichtfüßler und Schwerstverdiener hätten wir in Grund und Heimatboden gespielt und schwindlig gschwanzt, dass sie im Schleudergang in die Kabine verschwunden wären. Auf Nimmerwiederfußballspielen. Ungefähr 10:0 hätte das Desaster von Zabo geendet, und zwar für uns. Siegprämie: ein Windsheimer plus Sardinaweggla am Club-Bad-Kiosk, Sonderzuteilung eine Schaumwaffel. Und warum? Überhaupt keine Frage – weil wir damals beim Dschambln nicht

dauernd an unser sowieso nicht existierendes Bankkonto denken haben müssen, nicht an Werbeverträge, Aktienkurse, Merchandising mit Unterhemmerdn, Sonnenbrillen und Modekollektion, auch nicht an schöne Haarfrisuren oder künstlerisch enorm wertlose Hautmalereien. Das einzige, an das wir damals im alten Club-Bad manchmal gedacht, das wir vor allem immer gefühlt haben: Fußballspielen muss nicht Geld, sondern Spaß machen. Halt ungefähr so, wie es uns der Morlock ein paar Meter weiter immer am Samstagnachmittag vorgeführt hat. Vielleicht kommt es irgendwann einmal wieder so, vielleicht aber auch nicht. Milliarden bescheidwissender Klugscheißer lehren uns ja, dass man die Zeit nicht zurückdrehen kann. Die frag ich dann immer, wie man was nicht zurückdrehen kann, das es überhaupt nicht gibt. Kriegst garantiert keine Antwort.

Wenn man will, kann man vom Fußballspielen im Besonderen auf das Spielen im Allgemeinen kommen und zu der Überzeugung gelangen, dass das Spielen, solang es Kinder gibt, überhaupt nicht aussterben kann. Auch gilt wahrscheinlich die nicht nur den Binsen vorbehaltene Binsenweisheit, dass man beim Spielen (besser jedenfalls als in der Schule) für das Leben lernt. Und zwar in allen möglichen Disziplinen. Das hat auch im Club-Bad in Zabo gegolten, wo ich es mit eigenen Ohren eines Nachts vernommen hab. Bei der Gelegenheit muss ich noch einmal den Rudi Weickmann erwähnen, brillanter Fußballspieler, Verfasser literarischer Nürnberger Standardwerke über hiesige Schimpfwörter, über Nürnberger Originale wie den Diddlasbadscher oder den Gässlasgeicher, über den Schuster und Knittelverseschmied Hans Sachs, über das Kartenspiel Sechsundsechzig und die berühmte und nie existiert habende Kartelakademie Weinzierlein; außerdem ist der Rudi noch Werbeleiter im Grießbrei-Weltkonzern *Milupa* gewesen und, wichtigstens, eine Sommersaison lang Aushilfsba-

demeister im Freibad des 1. FC Nürnberg. Die schönste Badeanstalt der Stadt, nach Schleifung des Mögeldorfer Flussbades,
hat einen technischen Nachteil (für uns aber Vorteil) gehabt – es
hat den Sommer über mangels Filtrieranlage nach einiger Zeit
zum Himmel gestunken. Ungefähr immer nach vier oder fünf
Wochen. Es ist dann die Anordnung ergangen, dass freiwillige
Helfer nach Ablassen des anrüchig und trüb gewordenen Was-
sers das Schwimmbecken schrubben sollen. Nicht keimfrei, aber
wenigstens besenrein. Von abends sieben Uhr die ganze Nacht
durch bis zum ersten Hahnenschrei im nahen Geflügelhof. Die
Gegenleistung der Schwimmerabteilung hat aus einer Brotzeit,
Getränken aller Art und fünf D-Mark pro Reinigungskraft bestanden. Chef unserer Schrubberbrigade ist also der Rudi Weickmann gewesen, der uns, einem kleinen auserwählten Kreis, früh
um vier Uhr nach einigermaßen getaner Arbeit in Aussicht gestellt
hat, die soeben ausgezahlten fünf Mark in eine sehr interessante
Angelegenheit zu investieren, nämlich in ihn, den Rudi, in seiner
Eigenschaft als Gässlasgeicher. Wer das Investment in ihn und
seine Manneskraft wage, hat uns der Rudi anvertraut, der möge
jetzt sofort die fünf Mark wieder an ihn, der sich jetzt dann gleich
in die Stadt begibt zur Frauentormauer, retournieren. Die einge-
sammelten Fünf-Mark-Stücke lege er dann in den Besuch einer
der an der Frauentormauer tätigen Damen an, führe mit ihr einen
bezahlten Geschlechtsverkehr durch, und als Gegenleistung für
unseren Einsatz erzähle er uns danach in allen Einzelheiten, wie es
gewesen sei. Dunkel, aber durchaus schamvoll erinnere ich mich,
dass auch ich meine hart erschrubbten fünf Mark in dieser Nacht
geopfert hab. An die anschließenden Schilderungen vom Rudi,
ich schwör's, kann ich mich nicht mehr erinnern.

17 Der Jesus im Spätherbst

Das gibt ja kein Mensch zu, dass er zuweilen ein sehr inniges Verhältnis hat zu jeglicher Übersinnlichkeit, zur womöglich gar nicht existierenden Existenz eines Unterschieds zwischen Zufall und von wem oder was auch immer gewollten Fügung, zum Gehsteigbalancieren, gar zur berüchtigten Vorsehung oder einfach zum Aberglauben. Fehlen noch Offenbarungen, Weissagungen, diverse Erscheinungen zwischen den bekannten Heilorten Heroldsbach, Fatima, Lourdes und Konnersreuth und deren penunzenmäßig außerordentlich einträgliche Weismachungen. Aber wenn es auch kaum jemand zugibt – vom rechten Aberglauben ist fast noch niemand abgefallen, ich auch nicht. Muss aber unter uns bleiben.

Im Spätherbst meiner Kindheit wie auch des damaligen Jahres, Ende November 1956 wahrscheinlich, haben oder hätten wir beinah auch eine Erscheinung gehabt, in Gestalt von Jesus Christus, gegen Mitternacht im Schlafsaal der Jugendherberge im Bayerwald-Dorf Waldhäuser auftauchend. Oder auch nicht auftauchend. Genauere, wissenschaftlich haltbare Angaben sind nicht überliefert, da sich von den drei Erscheinungszeugen nur noch einer einigermaßen im Diesseits befindet, nämlich ich. Einer von uns drei – der Wurschdi mit richtigem Namen Berndt Hörner, der Rainer Wortmann oder ich – ist auf die sehr gute Idee gekommen, dass wir teils hoffnungsvollen, teils hoffnungslosen Realgymnasiasten uns an einem halbwinterlichen Wochenend zu einer dreitägigen Wanderung durch den Bayerischen Wald auf die Socken machen. Unter nobelsten Begleiterschei-

nungen: Der livrierte Chauffeur der Nürnberger Firma *Marmor-Funk* – Inhaberin die in Mögeldorf wohnende Oma Funk vom Berndt – hat uns am Freitag nach der Schule im Mercedes bis in die Gegend des Rachel-Gipfels gefahren. Den genauen Weg weiß ich nicht mehr. Nur so viel, dass wir gegen Spätnachmittag vor der Jugendherberge gestanden sind. »Mit Übernachten«, hat uns der Herbergsvater eröffnet, »wird's nix. Seit letzter Woche is Feierabend. Im Frühjahr könnt ihr wiederkommen.« Nach längerem Bitten um einen Platz in der Herberge hat er uns dann aber doch eine Übernachtung gestattet, ausnahmsweise und weil es ja fast schon finster ist und das nächste Dorf inklusiver dreier Nachtlager viel zu weit weg. Sogar ein Abendessen hat uns der Herbergsvater zubereitet. Anschließend eine sehr irdische Angelegenheit: Zwei Stunden lang haben wir Skat gespielt, dann einen jugendherberglich streng verbotenen Schnaps eingenommen, Erwachsenheit trainiert, den Hals freigeschüttelt von den Bärwurz-Nachwirkungen; und schon hat die große Standuhr zehn geschlagen, amtlich vorgeschriebene Bettruhe in der Jugendherberge. Von da an ist es komplett überirdisch geworden. Musst dir einen riesigen Schlafsaal mit Dutzenden von eisernen Stockbetten vorstellen, niemand drin außer uns drei, kein Licht, keine Kerze, keine Taschenlampe, nix, draußen vor den hohen Fenstern sich hin und her wiegende Geister, von denen du in so einer Nacht ja nicht ahnst, dass es Baumäste im Gebläse des böhmischen Winds sind. Einer von uns drei, schlimmstenfalls ich, hat die herzzerfurchende Stille durchbrochen, mit der zittrig ausgesprochenen Frage: »Ob das alles stimmt, was die uns immer im Religionsunterricht erzählen? Dass der Jesus Wein nach Belieben vermehren kann und Brot und Fisch. Und Tote wieder lebendig machen. Und Blinde sehend. Und dass er übers Wasser gehen kann. Und seine Auferstehung von den Toten.«

Und der Rainer Wortmann hat zur Diskussion gestellt, wie wir über die jungfräuliche Geburt vom Jesus denken. Wieso es das nur einmal auf der Welt gegeben hat, vor zweitausend Jahren, und dann nie mehr. Dann wieder Stille. Vielleicht zehn Minuten später hab ich versucht, Wunder aller Art so zu erklären: »Stellt euch bloß einmal vor, da vorn im Schlafsaal erstrahlt ein ganz heller Schein, mittendrin im Leuchten schwebt der Jesus auf uns zu und sagt ›Folgt mir nach‹ ...« Es könnte Mitternacht gewesen sein. Bestimmt ist kein ganz heller Lichtschein an der Schlafsaaltür erstrahlt, bestimmt ist kein Jesus auf uns zugeschwebt und bestimmt hat er nicht »Folgt mir nach« gesagt. Aber meinen Kopf möchte ich jetzt nicht drauf verwetten. Das Einzige, was wir zwei Tage später bei der Heimfahrt im Mercedes sicher gewusst haben: Wir sind nach meinem Erklärungsversuch etwaiger Wunder unter die Bettdecke gekrochen und haben in dieser Nacht sehr unruhig geschlafen. Wenn überhaupt.

18 | Meine Eltern hätt ich nicht sein wollen

Unsereins muss ja die Fränkische oder die Hersbrucker Schweiz über alles mögen. Geht landsmannschaftlich gar nicht anders. Meine Zuneigung haben die Berge, die Ritterburgen, die Wirtshäuser, die Felsen, die einwandfrei gebrannten Schlehen- oder Kirschengeister und die wenigstens unter der Woche ziemlich stillen Täler zwischen Wiesent und Pegnitz schon auch. Aber eine fast noch größere Vorliebe hab ich schon als Kind für den Bayerischen Wald und seine Nachbarin namens Šumava empfunden. Auch weit über die Johannes-Urzidil-Landschaft (oder wer's gern ein bisschen gestelzter haben möchte: Adalbert-Stifter-Landschaft) hinaus, Hauptsache Himmelsrichtung Südost. Vielleicht ist mir das irgendwie eingeimpft, vielleicht bin ich an einem Frühsommertag oder in einer Frühsommernacht 1941 während eines Fronturlaubs irgendwo im Bayerischen Wald gezeugt worden. Und wenn du, immer von Nürnberg aus, eine Linie auf der Landkarte ziehst, die über den Bayerischen Wald verläuft, hinunter nach Regensburg, Passau, die Donau entlang, dann an Wien vorbei in die Berge, Loiblpass, Spielfeld, Jugoslawien, Autoput, Belgrad, Skopje, Nis, Larissa, Katerini bis nach Saloniki – was sagt dir dann der Kompass? Genau – exakt die Himmelsrichtung Südost.

In der Natur gibt's auch schöne Binsenweisheiten. Auf Regen folgt Sonne, wo ein Berg ist, ist auch ein Tal, stirbt die Welt, taucht irgendwann und irgendwo eine neue auf, wenn der Schmerz

nachlässt, durchströmt dich ein Wohlgefühl, nach der Nacht meldet sich der Tag, nach dem Neumond scheint bald der Vollmond und so weiter und so weiter. Verlässlich sind die Binsenweisheiten nicht, auch als Naturgesetze kaum brauchbar. Aber manchmal will ich halt wissen, ob es vielleicht wieder einmal funktioniert – dass nach einem Tiefpunkt wie vollautomatisch am Horizont ein Höhepunkt aus der Welt rauswächst. In meinem Leben, so um das 15. Jahr rum, hätte einer der dicksten Tiefpunkte überhaupt tiefer nicht sein können. Bis es auf einmal, gewissermaßen aus der Vollverzweiflung fast unmerklich, geschmeidig gleitend wieder aufwärts gegangen ist. Beziehungsweise geografisch nach Südosten, Endstation Saloniki. Vorher das komplette Schul-Desaster.

Genau kann ich es überhaupt nicht mehr zusammenstückeln, da fließen die Horror-Tage und -Monate und -Jahre ineinander über wie bei einem allzu flüchtig hingepinselten Aquarell. Höchstwahrscheinlich Verdrängungen größten Ausmaßes. Ungefähr ist es so gegangen, dass ich plötzlich ein Repetent gewesen bin, mit Glanz und Gloria durchgefallen, die Nothelfer Bittner oder Rennsau oder Morlock nicht mehr greifbar. Kann man sich vorstellen, wie sich die Gemütslage meiner Eltern entwickelt hat. Und ich wiederhol es noch einmal, letztinstanzlich und rechtskräftig: Meine Eltern hätte ich nicht sein wollen. Nicht um alles in der Welt. Ein Sechser im Lotto ist eine Sache, ein Sechser nach dem anderen in komplett unlösbaren, unübersetzbaren Schulaufgaben wieder eine ganz andere. Ein paar Wochen nach den Weihnachtsferien hat sich erwiesen, dass meine Hirnmischung, bestehend aus notorischer Stinkfaulheit, Gleichgültigkeit, Doofheit und extrem mangelhafter Fernsicht, zu nichts anderem führt als zur nochmaligen Wiederholung der Klasse und dann zum schulamtlich verankerten Hinauswurf aus dem ungeliebten Realgymnasium.

Die Höchstblamage des doppelten Sitzenbleibens haben mir meine Eltern erspart und in ihren Knalldeppen von Sohn monatlich zweihundert D-Mark investiert – das Salär für die weitere Erziehung auf der privaten Notenverbesserungsanstalt namens Stahl-Schule. Da aber eine Besserung keinesfalls in Sicht gewesen ist, bin ich zusätzlich in einen Bunker abkommandiert worden – täglich nach Schulschluss ab in das Hausaufgabenüberwachungsstudio in der Katharinengasse. Gründer und Leiter des Eintrichterungsinstituts, bis 1945 städtischer Luftschutzbunker, bestehend aus winzigen unterirdischen Zellen, ist der studierte Nürnberger Altphilologe Hans-Heinrich Hitzler gewesen. Jeder verkrachte Schüler in einer natürlich beziehungsweise unnatürlich fensterlosen Zelle, dann und wann überwacht von einem Präfekt genannten Aufpasser. Wenn es in den Bunkergängen gelegentlich nach Pfeifen- oder Zigarettenrauch gerochen hat, haben wir gewusst: Der Chef persönlich, der Hitzler schreitet durch sein Schülerverlies. Man kann es heutzutage nicht mehr besichtigen oder gar durchschreiten, da es ein paar Jahrzehnte später zugunsten des Cinecittà-Kinos weggebaggert worden ist. Der Hans-Heinrich Hitzler, dann auch Gründer der privaten Adolf-Reichwein-Schule in einer alten Villa am Nürnberger Stadtpark, ist praktisch der Nachfolger von meinem Max Morlock geworden: der Initiator einer großen, viele Wochen andauernden Glückseligkeit, der letzten meiner Kindheit.

Eindeutig hat es sich um eine Schnapsidee gehandelt. Man muss sich das einmal einigermaßen bildlich vor Augen führen, unter der jetzt nur einmal gedachten Annahme, man ist ein fürsorgliches Elternpaar von insgesamt vier Kindern, eines davon, das Älteste, ein Lern- und Schulversager allererster Kategorie. Und er, der fünfzehnjährige Versager, kommt eines späten Nachmittags von der Hausaufgabenüberwachung heim

und stellt seinen Eltern eine extrem ungewöhnliche Frage. Ob er nächstes Jahr während der großen Ferien und vielleicht noch ein paar Wochen drüber hinaus mit dem Hausaufgabenüberwachungsinstitutsleiter Hitzler und mit noch ein paar anderen Lernbunkerinsassen nach Griechenland fahren darf. Und zwar, Obacht jetzt: per Anhalter. Und nach überhaupt nicht langem Hin und Her sagen die Eltern: Wenn du das unbedingt willst, dann fahr. Zu zwölft, vorn dran der Herr Institutsdirektor, per Anhalter, in Zweiergruppen aufgeteilt, vom Autobahnzubringer in Nürnberg nach München, Salzburg, Graz, Spielberg, über den Loiblpass nach Ljubljana und Zagreb, auf dem Autoput bis Belgrad, Skopje, Nis, Larissa, Katerini, Saloniki, dann noch kreuz und quer durch Griechenland – Olymp, Meteora, Litochoron, was weiß ich noch alles – und wieder zurück. Wäre einer unserer Söhne heutzutage fünfzehn Jahre alt beziehungsweise jung und würde mich fragen, ob er gschwind für ein knappes Vierteljahr per Anhalter nach Griechenland fahren darf – ich würde zurückfragen, ob er heut Nacht ein bisschen schlecht geschlafen oder ob er heimlich was geraucht hat, und der Käs wär g'essen. Und bei mir damals also: Wenn du das unbedingt willst, dann fahr.

° ° °

Im Sanitätsauto nach Saloniki

Ich hab einen griechischen Freund. Und immer, wenn ich ihm, dem Anasthasios Ketenidis, von meiner schönsten Rumzigeunerei am Ende der Kindheit erzähle, grüble ich danach, ob diese griechische Reise in Wirklichkeit stattgefunden hat. Oder nur in meinen vom Schulversagen massiv beflügelten Träumen. Aber, ich leg meine Hand aufs Herz, das größte Aben-

teuer meiner Kindheit hat stattgefunden. So wahr ich hier sitze und Buchstaben in die Tastatur hämmere. Außerdem hab ich es schriftlich – ein fünfzehnseitiges Manuskript eines Gedichts, Titel »Lyrik aus Staub und Sand«, ein mäßig bis überhaupt nicht poetisches Tagebuch der Saloniki-Sache. Von mir selbst verfasst, mit viel jugendbewegtem, pfadfinderartigen Schmalz in den zwei Schreibfingern. Schwülstig bis dorthinaus.

Eine kurze Kostprobe? Dann Obacht, hoher, komplett sinnfreier Schmalzgehalt: »... wir mußten, wollten/uns trennen,/ um uns wieder zu treffen./Noch hatten wir Griechenland/ nicht entdeckt./ Wem wird es gelingen?/ Denen, die nach Athos gingen?/ Heiliger Berg, geile, gutmütige/ Mönche./ Denen, die nach Edessa gingen?/ Pfirsiche pflückten./ Und Heimweh hatten./ Trennten uns und trafen/ uns wieder./ In VW-Bussen./ Auf Lastwagen./ In Melonenkarren./ In Straßenkreuzern./ Neben dem grauen Band/ der Straße/ Katerini Trail ...« Na ja, Schwamm drüber. Mit einer Lyrik probiert es ja fast jeder einmal und lässt dann da, wo es dringend angeraten ist, wieder die Finger davon. Andere schriftliche oder fotografische Zeugnisse von unserem Abenteuer in Europa Süd-Ost gibt es nicht.

Der Reichwein-Schule-Gründer Hans-Heinrich Hitzler ist 2017, im Alter von 87 Jahren, verstorben. Ein Jahr vor seinem Tod hab ich ihm einen längeren Brief geschrieben, da heißt es unter anderem: »Meinen Enkeln erzähle ich oft von den schönsten großen Ferien, die ich je hatte. Und das wäre jetzt meine Bitte und Frage: Gibt es von unserer Griechenlandtour noch Fotos? Und wenn ja – könnte man die vervielfältigen und mir zukommen lassen? Es entstünde dann in mir eine große Freude ...« Die große Freude ist ausgeblieben, eine Antwort hab ich damals nicht erhalten. Ein zweiter schriftlicher Hilferuf mit gleicher Bitte, und zwar an meinen damaligen Freund und Mit-Tramper

Rolf Pilgram (kann auch sein, dass er Pilgrim geheißen hat), ist hingegen sehr schnell beantwortet worden. Da hat der Bittbriefempfänger Dr. Rolf Pilgrim, damals medizinischer Leiter der Klinik in Neumarkt, sofort nach Erhalt der Fahndungspost bei mir angerufen: »Tut mir leid – ich war in meinem ganzen Leben noch nie in Griechenland.« Wahrscheinlich hat der Pilgrim doch Pilgram geheißen. In München gibt es einen Pilgram, aber der geht niemals ans Telefon.

Fast ein Jahr lang haben wir damals im Katharinenbunker mithilfe eines Gastarbeiters aus Athen neugriechisches Radebrechen erlernt, Reisepläne geschmiedet, bei Wandertouren in Franken das stundenlange Haadschn mit zentnerschwerem Rucksack geübt, US-amerikanische Zweimannzelte beschafft, Straßenkarten studiert. Und an irgendeinem Julitag des Jahres 1957 sind wir zwölf Griechenland-Tramper vom Hitzler in Zweiergruppen eingeteilt worden. Ausgerechnet wir zwei Jüngsten, der Rolf Pilgram oder auch Pilgrim und ich, haben eine Gruppe gebildet. Erster gemeinsamer Treffpunkt ist die österreichisch-jugoslawische Grenze am Loiblpass gewesen, gleich hinter Spielfeld. Vorstellbar ist das heute überhaupt nicht: Sechs Zweiergruppen trampen getrennt in halb Südost-Europa umeinander, treffen sich alle paar Tage an vereinbarter Stelle, und immer haben wir uns, meistens pünktlich zur vereinbarten Zeit, gefunden. Ganz ohne Smartphone.

Jetzt die ganze Reise zu erzählen – da sind die Buchseiten zu kurz und die Gedächtnisfäden in meinem Kopf zu lang. Aber wie wir es zu zwölft von der Grenze bei Spielfeld durch Titos Jugoslawien durch bis zum griechischen Grenzübergang Evzoni in nur zwei Tagen geschafft haben, per Anhalter, das muss ich schon hinschreiben. Nämlich mithilfe eines österreichischen Zollbe-

amten. »Wo wollt denn ihr hin?«, hat er uns bei der Passkontrolle gefragt. »Nach Griechenland? Zu zwölft? Mit Autostop? Na, habe die Ehre!« Eine Stunde später ist er wiederaufgetaucht: »Da ist jetzt ein Lastwagenkonvoi gekommen, alles Griechen. Einer von euch geht mit. Da machen wir was.« Der Hitzler hat mich als Unterhändler ausgesucht, weil: der Kleinste, der Jüngste, der Vertrauenerweckendste. Rührjunge ist der Fachausdruck gewesen, der Junge, der bei den Lkw-Fahrern größtes Mitleid, die größte Rührung erzeugt. In geschliffenstem Griechisch und in zollbeamtlicher Begleitung hab ich den Konvoi-Chef gefragt, ob er mich mitnimmt, nach Griechenland. Kein Problem, schmeiß deinen Rucksack auf die Ladefläche und steig ein. Schon ein Problem, hab ich herzerweichenden Blicks gesagt: »Wir sind zu zwölft.« Und das war dann aber auch kein Problem. So hab ich die griechische Gastfreundschaft und die womöglich sehr seltene Hilfsbereitschaft eines österreichischen Zollbeamten kennengelernt.

Eine letzte Geschichte, wie ich noch was kennengelernt hab – nämlich die dürftigen Fahrkünste eines griechischen Lkw-Lenkers, durch die um ein Haar nicht nur meine Kindheit, sondern gleich mein ganzes Leben beendet gewesen wär. Kurz hinter Skopje möchte es gewesen sein, der Schotterhaufen namens Autostraße immer an der Schlucht des Vardar-Flusses entlang. Wir zwölf sind auf die fünf oder sechs Lastwagen des Konvois verteilt gewesen. Auf einer der Ladeflächen ein uraltes Sanitätsauto, in dem drei von uns, darunter ich, die Vardarschlucht durch Milchglasscheiben sehr verschwommen betrachtet haben. Und mitten in der Betrachtung – quietschende Bremsen, Schleudern, Rumpeln, ein dumpfer Schlag, noch ein Schlag, Milchglasscheibensplittern. Stille. Aus einer Kopfwunde blutend bin ich aus dem mit den Rädern nach oben liegenden Sanitätsauto gekrochen.

Wäre unser griechischer Freund und Knalldepp am Lenkrad nur zehn Meter weiter auf die buchstäblich halsbrecherische Idee gekommen, in die gut geschotterte Haarnadelkurve mit Höchstgeschwindigkeit zu brettern, um dann mitten in der Kurve voll aufs Bremspedal zu latschen – die Vardarschlucht zweihundert Meter unterhalb der Straße wäre uns drei ein schöner mazedonischer Friedhof geworden. Dritte und vorläufig letzte Lebensrettung. Wie die griechischen Gebrauchtlastwagenhändler das schrottreife Sanitätsauto wieder auf den Lkw geladen haben – kein Problem. Ein paar Meter mit dem Lkw in Richtung Schlucht gerollt, ziemlich vorsichtig jetzt, Bordwand auf, den noch einigermaßen rollenden Sanitäts-Schrotthaufen auf die Ladefläche geschoben, beim Benzinnachfüllen tapfer geraucht, Weiterfahrt.

Zu meinen dauerhaft gespeicherten Merkwürdigkeiten gehören auch die Reisekosten unserer Tramptour. Weiß ich bis heute, was uns der Hans-Heinrich Hitzler finanziell geraten hat: dreihundert D-Mark im Brustbeutel und zwanzig Schweizer Franken als eiserne Reserve. Jene Schweizer-Franken-Reserve hat bei meinen Eltern vermutlich einen partiellen Nervenzusammenbruch ausgelöst. Unsere Kleingruppe, der Rolf Pilgram oder Pilgrim und ich, haben bei der Rückreise, irgendwo in der Steiermark, beratschlagt, ob wir die zwanzig Schweizer Franken wieder mit heimbringen sollen oder nicht. Einstimmiger Beschluss: oder nicht. Wenn wir schon Schweizer Franken haben, dann geben wir sie dort aus, wo man sie ausgeben soll – in der Schweiz. Der kleine Umweg durch ganz Österreich und die halbe Schweiz hat lediglich drei Tage in Anspruch genommen. Allerdings drei Tage, während derer die zehn anderen Griechenlandheimkehrer längst zurück in Nürnberg gewesen sind und der Hans-Heinrich Hitzler bei meinen Eltern angefragt hat, ob wir auch glücklich und wohlbehalten angekommen sind. Glücklich und wohlbehal-

ten hat gestimmt, aber nicht daheim in Nürnberg, sondern – über Salzburg, Innsbruck, bequemen Schlafstätten in Heuschobern, Arlbergpass – in Luzern. Am Schluss im VW-Käfer eines amerikanischen GI, der uns bei seiner Kurzurlaubstour mitgenommen hat. Gegen Barzahlung von vierzig Schweizer Franken aus unseren zwei Brustbeuteln als Benzingeld. Dafür hat mich der Ami, stationiert, glaub ich, in Grafenwöhr, bis vor die Haustür chauffiert. Gott sei Dank ist da die Drümmer-Schelln-Epoche längst vorbei gewesen. Die Wiedersehensfreude war sehr groß. Die meiner Eltern und die von mir. Und eines Sonntagnachmittags bin ich mit den andern ehemaligen Schafbemberlasstadion-Fußballern im alten Zabo, links vom Ehrenmal, gestanden und hab dem Max Morlock bei seiner Fußballkunst zugeschaut. Leicht verschwommenen Blickes, weil: auch da Wiedersehensfreude und Tränen in den Augen.

P. S.

Obwohl ich seinerzeit und leider auch später niemals der Morlock geworden bin, ist es – Zufall, Fügung oder einwandfreies
Randstein-Balancieren – mit der Schule und meiner ursprünglichen Doofheit doch noch gut ausgegangen. Ungefähr zehn Jahre
später. Ich schreib es hin, wegen Herzensangelegenheit: Ohne
meinen Freund Bernd Müller, einziger Porsche fahrender Jung-
sozialist, später Zahnarzt und vor allem begnadete Geistesgröße,
auch naturwissenschaftliche, ohne die Lehrer Richard Hornung
und Herbert Glatthor hätte ich die Hochschulreife am Nürn-
berg-Kolleg niemals erlangt. Der Bernd hat mich infinitesimal-
mathematisch bis zur vollkommenen Kopferschöpfung in den
allerletzten naturwissenschaftlichen Nachhilfestunden meines
Lebens gequält. Der Richard Hornung hat, Gnade vor Recht,
mein Deutsch-Abitur mit einem Einser begütet. Und der Herbert Glatthor hat mich vor seinem Dienstantritt als Mathele-
rer im letzten Semester gefragt, ob wir für unsere gemeinsame
zukünftige Existenz so verbleiben können: »Sie lassen mich in
Ruh, und ich lass Sie in Ruh.« Und während der zwei oder drei
Mathematik-Schulaufgaben wie auch während der Abiturprü-
fung hat die Seele von Lehrer, der Glatthor, in dem Schulgebäude in Zabo immer sehr angestrengt zum Fenster hinausgeschaut,
sodass ich in aller Ruhe und Beschaulichkeit vom Bernd Müller
abschreiben hab können. Die drei mögen bitte in Frieden ruhen.
Zusammen mit dem Schmitt, dem Bittner und dem Morlock
und meinen Eltern. Als ein kleines Gegengeschenk für viele Jahre großer Freiheit. Und Behütung, Güte und Gnade vor Recht.
Abzüglich der Schelln.

P. P. S. Zwei Briefe

Das ist ja auch die Frage: Was soll man beim Sich-Erinnern an eine Kindheit hinschreiben, was soll man lieber ungeschrieben ruhen lassen, obwohl es ja doch keine Ruhe gibt? Es könnte vor meiner in jeder Beziehung merk-würdigen (also würdig, sie sich zu merken) Griechenlandreise gewesen sein, oder aber auch danach – wie ich am tiefsten Tiefpunkt meiner gesammelten Tagdiebereien angelangt bin und meiner Mutter einen Brief geschickt habe. Als Briefkuvert eine Einkaufstüte der Buchhandlung *Heinrich Schrag* mit einer Zehn-Pfennig-Heuss-Briefmarke, als Briefpapier zwei aus Antoine de Saint-Exupérys Buch *Der kleine Prinz* herausgerissene Vakatseiten. Meine Handschrift damals halb und halb, halb noch kindlich, halb schon fast erwachsen:

»Meine liebe Mami, vielleicht weißt Du es schon, daß ich wahrscheinlich nicht mehr in die Schule kann. Am Montag früh bin ich aufs Direktorat gerufen worden. Dort hat mir der Rex gesagt, daß ich meine Probezeit, die bis Ende November dauerte, nicht bestanden habe. Die Zeit von Montag bis heute war zu Hause furchtbar für mich. Ihr wart alle nett zu mir und ich habe das alles schon gewußt. Ich war und ich bin immer noch zu feige, Dir das alles ins Gesicht zu sagen. Heute nachmittag wollte ich es Dir sagen, aber ich kann nicht. Mach Dir bitte keine Sorgen, wenn ich heute Abend nicht nach Hause komme, ich möchte jetzt ein paar Stunden ganz allein sein. Draußen schneit es. Es ist das erstemal heuer. Heute kann man Weihnachten zum erstenmal richtig spüren. Jeder. Mir ist es ziemlich gleichgültig. Ich möchte zwar auch, aber wenn ich an Euch denke, dann habe ich so einen Ekel vor mir selbst, daß ich am liebsten nicht mehr da sein möchte. Wie oft habe ich Euch enttäuscht, und ich habe es immer falsch eingeschätzt, was das für Eltern bedeutet. Manchmal glaube ich, ich bin ein Mensch, der nie das

schafft, was er sich als Ziel gesteckt hat. Ob es sowas gibt? Wie sentimental ich doch sein kann? Ich will es gar nicht sein. Ich will Dir nur schreiben, wie es zur Zeit in mir aussieht. Vielleicht verstehst Du mich dann. Bitte versuch es wenigstens. Vor mir stehen graue Mauern, die ich nur überwinden kann, wenn Du mir dabei hilfst. Und Vati. Ich darf es von Euch erwarten, aber ich darf es nicht verlangen. Dazu habe ich kein Recht. Vor allem möchte ich, daß Ihr Euch keine Sorgen um mich macht. Wahrscheinlich (oder sicher?) bin ich es gar nicht wert. Ich bin nun nicht mehr in der Lage, wieder in eine Schule zu gehen. Ich möchte es auch von mir aus nicht. Ich war vorhin bei Schrag. Sie stellen unter Umständen noch einen Lehrling ein. Wenn man mich dort nimmt, wäret Ihr mit einverstanden? Es wird kein schönes Weihnachtsfest geben. Für Euch nicht und für mich nicht. Und es ist furchtbar für mich, zu wissen, daß es ganz allein meine Schuld ist. Es ist das erstemal in meinem Leben, daß ich etwas ganz allein auf mich nehmen muß und daß ich damit fertig werden muß. Für alles Gute und Schöne in meinem Leben müßte ich Euch mehr als dankbar sein. Und ich war es fast nie. Es klingt absurd, wenn ich sage, daß ich Dich und Vati wirklich lieb habe. Denn womit habe ich das bisher gezeigt? Ich weiß nicht, ob Du mich verstehst, aber bitte versuch es. Dein Klaus

PS: Ich hatte nicht gewußt, daß ich eine Probezeit habe.«

Über ein Jahrzehnt später hat mir meine Mutter den Brief zu meiner Abiturfeier geschenkt, mit der Notiz:

»Mein lieber Klaus! Diesen Brief habe ich mir aufgehoben, um ihn Dir bei geeigneter Gelegenheit zurückzugeben. Dieser Zeitpunkt ist heute da. Das Abitur ist der Abschluß einer Zeit, in der Du zum Mann gereift bist und in der Du allmählich begriffen hast, daß man das Leben so nehmen muß, wie es ist. Trotzdem ist es schön! Deine Mami.«

Mögeldorf

Blütens

Fuß
US-M
Wäldla

Volksschule Thusneldastraße

Hol:
Notun

GLEIẞHAMMER

Club-Haus / Vereinsheim 1. FCN

Alter Za

ZERZABELSHOF